(Frederic Bastiat)
弗雷德里克‧巴斯夏 著
伊莉莎 編譯

巴斯夏的財產

法律與政府（筆記版）

自由的真相 ✕ 法律與掠奪 ✕ 市場的力量
財產與正義 ✕ 國家的界限 *Property Law and Government*

―――― 捍衛自由市場！ ――――
揭露政府干預經濟的長期隱患與隱藏成本

【法律應保護個人權利，而非成為掠奪工具】

重新處理和解讀巴斯夏的核心經濟思想！
以清晰簡潔的語言揭開經濟自由
財產權和政府干預之間的緊張關係

目錄

| 前言 | 005 |

第一章 光明與黑暗 —— 公共政策與經濟思想的真理之辯　009

第二章
法律　031

第三章
財產權與法律　055

第四章
理性復醒與正義的追尋　065

第五章
國家　081

第六章
財產權與掠奪　089

第七章
共產主義與貿易保護主義的關聯　115

目錄

第八章
掠奪與法律　　　　　　　　　　　　　135

第九章
學位與社會主義　　　　　　　　　　　143

第十章
反對政治經濟學教授的戰爭宣言　　　　179

第十一章
勞工組織權利辯論　　　　　　　　　　185

第十二章
民主抉擇 ── 莫蒂默特爾諾克斯修正案之評析　　197

第十三章
雙向貿易中的收益　　　　　　　　　　203

第十四章
盲目阻擋自然光的代價　　　　　　　　207

後記
自由貿易的捍衛者 ── 巴斯夏　　　　　211

前言

即使是那些懷疑巴斯夏作為經濟學家沒有什麼出眾之處的人也會同意,他是一位天才政治評論作家。約瑟夫‧熊彼得曾稱他為「有史以來最出色的經濟新聞記者」。為了介紹現在您手上這本他寫給普通大眾的最成功的文集,我們倒是很樂意承認這一點。我們甚至可以同意熊彼得對巴斯夏的苛評,他說「他不是一位理論家」,但這一點卻也並不足以抹殺他的地位。在其非常短暫的寫作生涯快要終結的時候,他確實曾想為他的一般性概念提供一種理論上的論證,但最終沒有贏得專業圈內的歡心。他針對公共事務僅僅撰寫了 5 年評論,然後在絕症迅速侵襲之際的幾個月時間內,為自己截然不同於既有學說的論點辯護而取得如此大的成就,可能真的就已經是一個奇蹟了。然而,人們可能會問,恐怕不是因為他年僅 49 歲時就英年早逝的事實,才使他沒有取得更大成就。但是,他那雄辯的著述當然證明了他對什麼是重要的問題具有洞察力,也具有掌握事物本質的天賦,而照理說這能夠為他提供豐富的材料,從而對科學作出真正的貢獻。

證明這一點再好不過的例子,就是收入本書的第一篇,他那著名的〈看得見的與看不見的〉。從來沒有人用這麼一句簡單的話就清楚地揭示了理性經濟政策的關鍵難題所在,我還想加

前言

上一句，也為經濟自由給出了決定性的論證。正是因為他把整套觀念濃縮為這麼幾個單字，我才在上一段中稱他為「天才」。他圍繞這句話組成的一篇文章，就清楚地闡明了一整套自由至上主義的經濟政策體系。這句話儘管只是第一篇文章的題目，實際上卻是整本書的提綱挈領。巴斯夏在反駁他那個時代流行的謬見的時候，一遍又一遍地闡明了其含義。我後面將會提到，儘管他所駁斥的那些看法，今天只是穿上了一件更為複雜的外衣，但其實質自巴斯夏以來並沒有根本改變。不過，首先我想就他的核心觀念的一般含義多說幾句。

顯而易見的是，如果我們僅僅根據經濟政策措施的當下的和可以具體預測得到的效應判斷這些政策，那麼，我們就不僅不可能實現某種可以維持的秩序，還將必然一步一步地喪失自由，從而阻止了比我們的措施所可能產生的後果更好的東西之出現。自由對於各不相同的個體充分地利用只有他們自己才了解的具體環境和條件來說，是非常重要的。因此，如果我們限制他們以自己樂意的任何方式服務於其他人的自由，那麼，我們從來不知道自己已然阻止了什麼樣的有益的行動。而所有的干預行動，就正是這樣的限制。當然，這些干預行動總是許諾要達到某些明確的目標。而只有完全阻止一些個體的某些不為人知、卻有益的行動，政府的這類行動才能每次都達到其事先預見到的直接結果。其後果就是，如果這樣的決策一個接一個，並且不受對作為一種普遍原則的自由的忠誠的約束，那

麼，我們必然會在幾乎所有方面喪失自由。巴斯夏把選擇的自由看作是一種道德原則，絕不能出於權宜的考慮而犧牲自由。這是十分正確的，因為，假如只有在廢止自由的具體損害能夠被明確指認出來時才尊重自由，那麼，自由的任何方面就都是可以廢止的了。

巴斯夏對他那個時代謬種流傳的諸觀點予以迎頭痛擊，今天，很少有人再像當時那樣那麼天真地使用那些論證，但我請讀者不要自欺欺人，以為同樣的謬論在當代經濟學討論中已經銷聲匿跡了：今天，那些觀點只不過是以一種更為複雜的形態出現，因而也更難察覺。讀者如果逐漸認清以更簡單的形態表現出來的這些大量謬誤，那麼，當他看到從那些看起來更為科學的論證中得出的同樣的結論，至少就會更為小心。當代經濟學的一大特徵，就是用那些日新月異的證據來論證那些十足錯誤的見解，這些見解的魅力非常大，因為從它們那裡推論出來的定理太令人愉快或者是太方便了：支出是好事，而儲蓄是壞事；浪費有益，節約會傷害廣大群眾；錢掌握在政府手裡，要比掌握在民眾手裡更好一些；保證每個人得到自己應得的東西是政府的職責等等。

在我們這個時代，所有這些想法仍在大行其道。唯一的區別就在於，巴斯夏在駁斥這些看法時，有整個專業經濟學家隊伍站在他這邊反對利益集團所使用的那些流行的俗見，而今天，同樣的看法卻是由某種極有勢力的經濟學派，用門外漢根

前言

本就不懂的、給人印象深刻的詞彙提出來的。在這些謬論中是否有某一點，人們原本以為巴斯夏已將其一勞永逸地駁倒了，恐怕再也難以見到其復活了？這一點還真成疑問。我不妨舉一個例子。在巴斯夏非常著名的經濟學寓言〈蠟燭製造商關於禁止太陽光線的陳情書〉中諷刺說，應該禁止房子上安裝窗戶，因為蠟燭製造商的繁榮會給所有人帶來好處。然而，法國一本頗為有名的經濟學史教科書最新版上卻為這篇文章加了一條腳註：「必須注意到，按照凱因斯關於不充分就業的假設及乘數理論，嚴格地說，蠟燭製造商的說法是完全成立的。」

　　有心的讀者將會注意到，巴斯夏駁斥了那麼多我們似曾相識的經濟學萬靈丹，不過，他卻似乎沒有預料到我們這個時代的一個重要危險。儘管他也批駁了他那個時代信用問題上的種種奇談怪論，不過在他那個時代，由政府赤字造成直線上升的通貨膨脹，卻不是太大的危險。在他看來，支出的增加必然立刻導致加捐增稅。原因就在於，在他那個時代，所有的人，只要一生經歷過一次大的通貨膨脹，就再也不會容忍貨幣持續貶值這樣的事再發生。因此，如果有讀者看到巴斯夏覺得需要加以反駁的那些很簡單的謬誤之後有一種優越感，那他應該記住，就某些方面而言，100年前的那些人其實比我們現在的人要明智得多。

F・A・海耶克

第一章

光明與黑暗
── 公共政策與經濟思想的真理之辯

第一章　光明與黑暗—公共政策與經濟思想的真理之辯

破窗帶來的隱藏效應

在經濟領域中,一個行動或一項制度往往會產生多重後果,其中既有直接可見的效果,也有隱藏的影響。

好的經濟學家會同時考慮這兩種效果,而不是僅限於眼前可見的結果。否則,我們容易陷入「破窗理論」的迷思,只看到一些表面上的利益,卻忽視了潛在的不利影響。

詹姆斯先生的窗戶被孩子不小心砸破了,周圍的人都在安慰他,說這樣反而給玻璃工人帶來了生意。表面上看確實如此,玻璃工人獲得了 6 法郎的收入。

但是,如果我們深入思考,就會發現破窗還帶來了其他隱藏的後果。首先,這 6 法郎的收入來自於破窗這一不幸事件,相當於從別處挪用了資金。如果沒有發生這件事,那 6 法郎原本可能被用於其他更有生產性的支出,比如購買新的家具或者其他消費品。

此外,破窗事件還會產生額外的機會成本。店主不得不用 6 法郎修復窗戶,這 6 法郎就無法用於其他更有價值的用途,比如投資擴張業務或改善服務品質等。從長遠來看,這種被迫性支出會降低店主的競爭力和收益。

因此,我們必須警惕「破窗理論」的局限性,不能片面地看待一個行為的影響。好的經濟學家應該更加全面地分析行為的

可見和不可見的後果，才能做出更好的決策。

我們或許曾經聽聞這樣一種論調，認為破壞和損失其實也可以帶來一定的經濟利益。譬如一扇被打碎的窗戶，會為玻璃工匠帶來修補的工作機會和收益，看似是鼓舞了經濟活動。但我在此必須嚴正地反駁，因為這種觀點忽略了許多關鍵因素。

首先，我們必須以整體的視野來看待這個問題。是的，某一個行業的利益有所增加，但我們卻忽略了其他行業所蒙受的損失。如果那位擁有被打碎窗戶的店主沒有遭此不幸，他原本可以用那6個法郎去做其他的事，比如置辦新鞋或者購買新書。因此，玻璃工匠的收益，實際上是源於其他行業的損失。從全域性來看，社會並未從這起事故中獲得任何利益，反而遭受了一定程度的損失。

更進一步地，我們也必須考慮到那些「看不見」的影響。或許，如果沒有這次窗戶被打碎的事故，店主可以用那6個法郎得到另一種形式的滿足和享受。而在這起事故中，他只是換來了與之前一樣的窗戶享受，並沒有獲得任何額外的利益。所以，我們必須審慎地權衡看得見和看不見的影響，才能得出客觀公正的結論。

最後，我必須再次申明，任何破壞性的行為，都不可能真正地增加社會的就業和收入。這正是我們必須牢記的一個重要道理。當我們試圖從破壞中尋找利益時，多半是停留在表面，而沒有深入地思考其中隱藏的本質問題。我衷心希望，讀者在

第一章　光明與黑暗─公共政策與經濟思想的真理之辯

觀察和判斷時，能夠謹記這些重要的準則，避免陷入如此荒謬的謬論之中。

軍隊復員與國家經濟衡量

軍隊復員是一個國家面臨的重要課題。如果我們只從單一的角度去看待這個問題，很容易陷入一些理論上的謬誤。作為一個國家，我們當然希望能夠獲得最大的安全保障，但是這個代價是否值得呢？

假如為了維持一支十萬人的軍隊，需要國家投入一億法郎，這無疑是一筆巨大的開支。一些人可能會認為，這樣的代價是值得的，因為它能確保國家的安全和穩定。但我們不能忽視這筆錢對於納稅人的影響。這一億法郎雖然使十萬軍人及其供應商得以安享，但同時也意味著這些錢不能用於其他更有生產力的用途。

讓我們以一個小村莊為例。如果徵收了一個村民和一千法郎的稅款，這個村莊無疑蒙受了損失 —— 失去了一個勞動力，以及這一千法郎可以創造的各種商機。雖然在梅斯城，這個被徵召的人可以過上舒適的生活，但是 A 村莊卻失去了一份勞動力和相應的資金流向。

所以，我們必須以全國的角度來權衡軍隊復員的利弊。雖然看似能夠確保國家安全，但同時也會影響到其他經濟領域的發展。我們應該謹慎評估這種代價是否值得。簡單地以「有利可圖」的理由支持軍隊的龐大開支，無疑是一種短視的經濟學謬論。我們需要更加全面和深入地思考這個問題，平衡國家安全與經濟發展的需求，做出明智的決策。

從表面上看，這些損失好像已經被彌補了。原先應該發生在鄉村中的事情，如今卻轉移到了梅斯城。村民和財富仍在梅斯，彷彿什麼也沒有失去。在村莊，他是個勞動辛苦的平民；而在梅斯，他成了一名士兵，日復一日地只知道「向左看齊」、「向右看齊」。在這兩個地方，金錢的使用和流通似乎是一樣的。但是，有一個地方的人一年三百天都在從事生產勞動，而另一個地方的人卻一年三百天都在從事毫無收益的事。我們必須承認，對於公共安全而言，軍隊的存在是不可或缺的。而現在，是時候遣散這些軍隊了。

你告訴我，市場上突然增加了十萬名工人，這必將加劇競爭壓力，抑制薪資水準。你所見的只是表面。你沒有看到，將這十萬士兵遣散回家，並非讓國家損失了一億法郎，而是將這筆錢歸還給納稅人了。你沒有看到的是，這一億法郎投入市場，去支付這十萬新增的勞動力，在增加勞動供給的同時，也增加了勞動需求。因此，你擔心的薪資下降其實只是幻覺。

在遣散前後，與這十萬人相配套的一億法郎並沒有變化，

第一章　光明與黑暗—公共政策與經濟思想的真理之辯

不同的只是：之前是國家把這筆錢給那十萬人，而他們什麼也不做；現在則是將這一億法郎還給他們，讓他們去工作。此外，納稅人交出的錢，無論是給一名士兵還是給一名工人，最終的社會影響是一樣的。不同之處在於，後者可以獲得某種產品或服務，而前者什麼也得不到。因此，對國家來說，維持無用的軍隊是一種淨損失。

我在這裡批評的這種論點，無法經得起推論到極致的考驗，這是對所有理論原則的真正考驗。如果擴大軍隊對國家有利，為什麼不動員所有男性入伍呢？

▍藝術產業應該獲得自由發展的空間

政治經濟學的論點雖然乍聽起來不太吸引人，但卻是最值得重複的。政府官員的開支所帶來的好處是一目了然的，但你卻看不見納稅人所遭受的損失。我們必須意識到，每一筆稅款都代表了某種機會成本，納稅人本可以把這筆錢用在更有益的地方。因此，在建立新的政府職位時，我們必須先證明它的用處何在，而不是盲目地認為它會為官僚及其供應商帶來好處，或創造就業機會。只有當納稅人獲得了真正有價值的服務，交納稅款才是物有所值的。相反，如果納稅人交納稅款卻得不到

相應的服務,這就等同於把錢給了盜賊。

我們必須習慣於從看不見的方面來評判,而不是僅考慮表面可見的影響。對於是否應該由政府補貼藝術,這一問題確實存在著許多值得深思的爭議。

支持者認為,藝術能擴大民族視野,提升精神風貌,並引導人們遠離物欲沉淪。他們指出,若無國家對劇院、音樂學院、美術館等高雅藝術機構的扶持,恐怕這些優秀成就無法在法國甚至全世界傳揚。這種補貼雖分攤到每個公民身上,但最終能為國家帶來自豪與光榮。

然而,反對者也提出了一些有力論點。首先,立法者是否有權力過問藝術家的收入,並對其加以補貼?這涉及分配正義的問題。其次,如果要補貼所有有益事業,那又該何從下手?豈不是要政府無休止地擴展財政支出?而且,補貼真的就能確保藝術事業的蓬勃發展嗎?歷史事實恰恰表明,靠自身努力維持的劇院反而更加興盛。

更重要的是,過度的補貼可能會扭曲需求和趣味的自然演變,使整個國家陷入不穩定的境地。因為拉動奢侈品消費就必然會損害基礎產業,影響社會的文明發展過程。

總而言之,藝術補貼看似惠民,但蘊含著不少隱藏的風險與代價。究竟應該如何拿捏平衡,值得政府和社會各界深入探討。

第一章　光明與黑暗─公共政策與經濟思想的真理之辯

公共工程

作為一名精明的觀察者，我對拉馬丁先生及其支持者所持的經濟觀點提出了諸多質疑。他們似乎只看到了公共支出對某些工人的直接就業效應，卻忽略了這筆錢如果不被政府挪用，本可以由納稅人自行支配用於滿足其他需求，從而惠及其他行業的工人。

這些支持者以為，政府的投資活動能夠增加國民財富和就業機會，實際上卻只是將財富和收入在不同行業之間重新分配。他們沒有意識到，一個法郎如果不被徵收為稅款，納稅人本來可以支配它去滿足自己的需求，而現在卻被剝奪了這種享受。同理可得，用這筆錢去資助劇院工作者，其他行業的工人也必然相應減少了收入。

正如我所說，政府的公共投資活動無異於是一枚有兩面的硬幣。一面是可以看見的直接就業效應，另一面則是難以觀察到的間接失業效應。我們不能忽視這種視而不見的成本，因為它同樣會削弱國民整體的收入和福祉。

盲目地認為，政府的公共支出就一定能夠提高整體就業水準和經濟繁榮，這種觀點過於簡單和天真。相反，我們應該客觀地分析這種支出的成本和效益，而不是被它表面的吸引力所迷惑。只有這樣，我們才能真正理解公共補貼的複雜性和兩

面性。

　　有些人盲目追捧公共工程,認為這可以創造就業機會,卻忽視了其隱藏的危險。將詭辯運用在公共工程上,可能會導致最愚蠢的浪費。如果一條鐵路或一座橋梁真有用處,自然可以論證它的種種好處。但如果它們毫無用處,支持者通常會拿出一些謬論,比如說要為工人創造就業機會。

　　歷史上曾出現過這種情況,如拿破崙下令挖溝又填上,自稱這是一種愛心工程。但事實上,這不過是表面文章,真正的後果是浪費社會資源。如果真的想幫助工人,不如直接讓他們自己工作,而不是強迫他們參與毫無用處的勞動。

　　我們必須看清公共工程的實質,它並不能真正增加就業或提高收入總量,只是把現有的就業和收入轉移到某些特定領域。這種做法表面上創造了就業機會,但實際上卻排擠了其他就業機會。它是一種自相矛盾的騙人把戲。

　　與之相比,自願性的私人服務往往能更好地滿足人們的需求,創造更多真正的就業。公共服務部門過度發展反而會導致資源浪費和寄生蟲的產生。我們應該警惕那些妄圖消滅自願性仲介的改革派言論,他們往往只是想讓國家取而代之。我們要看清可見的和不可見的影響,不要被感性的口號所迷惑。只有這樣,我們才能找到真正的創新之路,避免陷入昂貴無用的公共工程之中。

第一章　光明與黑暗—公共政策與經濟思想的真理之辯

▍自由競爭的優勢與貿易管制

在比較各種分配小麥的辦法中，自由的商業競爭無疑占據最大優勢。歷史上，所有文明發達、開放自由的社會，在自願選擇時，都毫不例外地選擇了自由商業作為分配食物的主要方式。這已經足以證明了其優越性。

仔細分析可以看出，第一種直接由消費者到產地獲取的方式，在現實中是不可行的，因為消費者無法事必躬親地滿足自己的需求。而第三種由政府統一組織分配的方式，也會帶來種種問題：政府難以掌握市場的瞬息萬變，運輸和調配的成本成本將遠高於商業競爭；同時政府官員難免會有寄生蟲式的腐敗行為。

相比之下，自由的商業競爭表現出許多優點：商人受自私自利的動機驅使，緊跟市場變化，以最低成本快速滿足消費者需求；他們在全球配送食品，從最缺乏的地方開始。這比任何政府組織都更能滿足飢餓者的利益。商業競爭透過價格機制，可以讓利益相關方公平分享收益，達成合作雙贏。

我們應該明白，自由社會本質上就是一個真正的合作體系。沒有任何政府組織能比自由市場更有效地組織分工合作，滿足社會的需求。社會主義者的理想看似高瞻遠矚，實則危險而錯誤。我們應該珍惜自由市場的優越性，而非妄想回到野蠻時代。

在這一段中，我們看到了一位自稱為「貿易保護主義先生」的人物，他急切地想要為本國的鐵產業設法保護，並試圖利用法律手段來禁止外國鐵的進口。然而，我們也看到了他的行為背後所具有的自私和短視。

他似乎完全忽視了自由貿易的實在之道。每個人都有自己的專長和優勢，透過自願的合作與交換，我們都能從中獲益。比利時人能以更低的成本生產出更好的鐵，這樣法國的手工藝者和工匠就能以更便宜的價格獲得所需的原材料，從而提高自己的生產效率和競爭力。這不正是一種互利的局面嗎？

將其阻斷無疑是對社會整體利益的損害。正如原文所言，這位保護主義者最後得到的只是「有一種說不出的快感」，他並未真正回答為什麼大家都要遵從他的意志，而非自願地選擇合作與交換。

我們應該擁抱自由貿易，相信人類合作的自然機制。每個人都在為共同的利益貢獻自己的長處，這才是文明進步的關鍵所在。保護主義只會阻礙這個過程，窒礙人類互相交流的自由。我們應該摒棄那些建立在無知與偏見上的思想，而是以開放的態度去探索更加有益的經濟道路。

政府的干預並不能真正增加一個國家的整體財富，反而可能導致財富分配的不公。透過禁令，某些人可能會獲得好處，但這些好處必然會被其他人的損失所抵消。

以鐵料價格上漲為例，即使價格提高了，新的財富並不是

第一章　光明與黑暗—公共政策與經濟思想的真理之辯

憑空產生的,而是來自普通勞動者的腰包。政府強行提高鐵料價格,確實給鐵匠帶來了好處,但同時也讓其他消費者承擔了更高的成本。整個過程中,財富並沒有真正增加,只是在人們之間發生了再分配。

再者,有些政客僅看到立法帶來的直接效果,卻忽視了看不見的間接影響。他們認為只要透過法令就可以讓整個國家更富裕,這種想法是有問題的。

希望我們能意識到,經濟活動中存在著許多隱藏的連鎖反應,任何政策都可能對不同群體產生不同的影響,我們應該comprehensive地考慮這些影響,而不是只關注表面的效果。良好的政策制定需要更廣闊的視野,考慮財富在社會各階層的再分配。

科技進步與社會變革

我們必須冷靜地審視科技進步對於社會的影響。毋庸置疑,機器的出現確實導致了一些工人失業。但是我們也必須看到,機器的使用同時也帶來了許多好處。

首先,機器提高了生產效率,降低了成本,為消費者帶來了更加便宜和優質的產品。以上述例子為例,詹姆斯·好人先

生雖然最後耗費了更多錢購買 100 公斤鐵，但是這筆投資卻讓他獲得了更多產品的享受。因此，我們不應該視機器為敵人，而應該意識到它們所創造的社會效益。

其次，機器的出現往往會帶動新的行業和就業機會的產生。我們可以回顧歷史，蒸汽機的發明引發了工業革命，給社會帶來了巨大變革。雖然短期內導致一些傳統行業工人失業，但從長遠來看，它促進了經濟發展，創造了更多就業機會。同樣，今天的科技進步也必將推動新興產業的崛起，創造全新的就業空間。

當然，政府和社會必須制定相應的政策，幫助受到衝擊的工人轉型或再就業。但我們不應該因噎廢食，一味地反對機器化，這種做法不利於社會的進步和發展。我們應該客觀理性地看待科技進步帶來的影響，審慎制定政策，最終實現社會的和諧發展。

科技進步一直是人類發展的驅動力，但也帶來了一些值得深思的問題。從表面上看，新發明和機器似乎會導致部分工人失去工作，但事實並非如此簡單。

我們必須看到更深層的因果關係。當詹姆斯先生因發明新技術而節省了勞動成本時，他手中留下的餘額必將在市場上重新循環。這些資金不可能就此凍結，而是會創造新的就業機會。雖然某些工作可能會被取代，但新的機會也隨之而來。整體而言，社會的總體需求和生產力都會提高。

第一章　光明與黑暗—公共政策與經濟思想的真理之辯

這種進步並非一蹴而就，過程中確實會出現短暫的不適應期。但只要社會能以開放和理性的態度看待這些轉變，並藉助適當的政策調控，長遠來看，科技進步就一定會造福整個社會，讓人類獲得更多無需付出代價的好處。

我們不應一味地沉迷於表面的變化，而忽視其背後的深層邏輯。只有深入思考，我們才能充分把握科技進步所帶來的機遇，並化解其可能引發的挑戰，這才是找到科技與進步之間平衡的關鍵所在。

機器發明的效果往往是隱藏的，不易被肉眼看見。即使我們看到機器取代了某些工作，但更多時候機器創造了新的就業機會，使得整體就業量並沒有減少。

發明機器確實會讓某些職業的工人失去工作，這是我們能夠看見的。但是，機器的創新也會產生新的商品和新的需求，從而創造出相應的就業機會，這是我們看不見的。一個發明家獲得專利後所節省的成本，最終會以降價的方式惠及所有消費者，為整個社會帶來利益。這種背景下所創造出的新的就業機會，往往難以被觀察到。

歷史上，許多技術革新都被人們視為會導致大量失業的威脅。但事實往往與此相反，新技術最終為社會創造出更多就業機會。例如，印刷術的出現並沒有使書籍業工人失業，反而大大提高了讀者群，產生了更多的工作需求。同樣，紡紗機的出現也並沒有導致紡織業的衰落，反而將行業推向更大的繁榮。

每當出現新技術，人們總會擔心會造成大量失業。但事實上，大多數情況下，機器與人工的配合，最終都能為消費者帶來更多的選擇，創造出更多的就業機會，使整個社會受益。如果我們只看到表面的問題，而忽視了技術革新的深層次效應，那才是真正的無知和偏見。

國家干預信貸制度的弊端

讀者朋友，在某國家，全民都要戴帽子的假設下，我們探討了一個理論問題：如果生產帽子的機器價格下降，會否導致全國就業人數下降？透過分析，我們發現這樣的推論是錯誤的。因為即使帽子價格下降，消費者節省下來的錢未必都會投入帽子生產行業，可能轉投其他行業，從而帶動整體經濟發展，反而會創造更多就業機會。這就是我們必須注意到的「看不見的」一面。

同樣的，有人一直幻想透過普及信貸制度來實現財富的普及。但事實上，這種想法也是建立在一種錯誤的假設基礎之上的。人們混淆了產品和貨幣，以為增加貸款就等同於增加實際的生產性資本。但事實並非如此，因為每一筆貸款都必然對應著一筆貸出。政府若是盲目地增加對貸款的擔保，也只是把貸

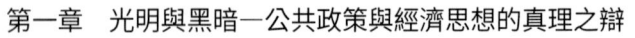

第一章　光明與黑暗－公共政策與經濟思想的真理之辯

款重新在不同人手中分配,而不可能增加整體的可利用資本。

甚至更有甚者,這種政府的干預還可能造成不公平。比如,原本信譽良好的約翰本應獲得貸款,卻被國家擔保了貸款給信譽較差的詹姆斯,這對約翰和納稅人都是不公平的。因此我們必須意識到,永遠不要以就業和薪資為藉口來干擾經濟,這往往適得其反。

簡而言之,世界上的事物都是環環相扣的,任何一個領域的變化都會波及其他領域,我們必須看清楚其中的「看不見的」一面,才能制定出正確的政策。在探討經濟問題時,切忌片面地追求表面上的利益,而忽視了隱藏其後的更深層次的影響。

問題的關鍵在於,政府的公共支出表面上可能帶來一些利益,但其背後往往隱藏著無法察覺的代價和損害。正如本書所指出的,我們必須審慎平衡公共支出的可見利益和不可見的代價,才能做出明智的決策。

公共支出確實可能創造就業機會,促進某些產業的發展,但這都是表面的效果。更深層次的是,這筆錢最終來自於普通納稅人的掏腰包。對於每個納稅人來說,這意味著喪失了自主支配這筆錢的權利,無法自由地用於滿足自己的需求。這不僅影響了個人的幸福感,也減少了整個社會的生產力和活力。

如果我們真正了解這些見不得光的代價,就會發現,政府的公共支出往往未能真正造福全體。相反,它可能只是將財富從某些人的手中轉移到另一些人的口袋裡,而整體並沒有因此

而受益。我們必須警惕那些聲稱為公共利益而鼓吹大量公共支出的言論,因為它們往往存在隱藏的私利考量。

只有當我們真正意識到公共支出背後的不可見代價,並與其可見利益進行全面權衡,我們才能做出明智的判斷。這需要我們培養一種全面的觀察習慣,既看重表面效應,也深入探討隱藏的影響。只有這樣,我們才能客觀地評估公共支出是否真的符合全體人民的利益。

公共支出並不能真正增加就業機會,只能重新分配工作職位。這表明這種支出的品質是低劣的,應該避免。如果 5,000 萬法郎留給納稅人,可以在全國 4 萬個市鎮中創造更多就業機會。而集中投資到一個地方,只會造成工人的流離失所。

阿里斯特的收入如何惠及工人

看見的往往遮蔽了看不見的。人們習慣於認為節儉與奢侈是道德和經濟的對立面,但這只是短期和片面的看法。蒙多爾奢侈無度,被人視為民族的福星;而節儉的阿里斯特,反而遭到議論。其實,二者開銷的總量是相似的,只是支出方式不同。

造物主安排的秩序是美好有序的,政治經濟學與倫理是和諧一致的。阿里斯特的智慧更加寶貴,不僅對自己有益,也能

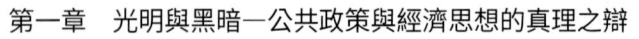

第一章　光明與黑暗─公共政策與經濟思想的真理之辯

為整個社會乃至當代工人帶來更多好處。因為我們必須警惕那些肉眼看不見的隱蔽後果。

表面上，蒙多爾的奢華生活引人注目，但實際上，阿里斯特更懂得恰當地運用財富。我們必須超越短視和偏見，找到節儉與奢侈之間的和諧平衡，才能真正達成個人與社會的共同幸福。

從工人的角度看，阿里斯特的收入如何造福工人並非一目了然。但如果仔細探究，我們完全可以確定，他所有的收入，直到最後一分錢，都會用來聘用工人，其作用與蒙多爾的收入完全一樣。唯一的區別在於，蒙多爾的奢靡浪費必然導致他的財富迅速消耗，最終會一貧如洗；而阿里斯特明智的消費方式，使得他每年聘用的工人數量不斷增加。如果這一點確實成立，那麼公共利益就與道德倫理完全協調一致了。

阿里斯特每年為自己和家人的生活開支2萬法郎，如果這還不足以使他感到幸福，那他就不算是一個明智之士。他深知窮人所遭受的苦難，覺得有道德義務去救濟他們，因此每年投入1萬法郎從事慈善活動。他在商人、製造商和農民中有一些朋友，偶爾會遇到財務困境，他了解他們的處境，決定伸以援手，每年花費1萬法郎去幫助他們。最後，他也不會忘記，要為女兒準備嫁妝，為兒子尋找好的前程，因此每年必須儲蓄並投資1萬法郎。

仔細分析這些支出專案，我們不難理解，阿里斯特的全部

收入都被投入到支持國家工業的各個方面，一分錢也沒有被浪費。個人消費對工匠和店主來說，效果跟蒙多爾的消費無異。慈善捐款所購買的商品同樣惠及工業，只是最終的消費者從阿里斯特變成了那些接受捐助的人。借給朋友的款項，要麼用於購買商品，促進工業發展，要麼用於償還債務，間接促進工業。無論哪種情況，結果都是相同的——這些錢都被用於推動工業前進。

總之，我們可以確信，阿里斯特的所有收入都最終用於聘用工人，給他們提供工作機會，這一點與蒙多爾的奢靡浪費形成鮮明對比。從工人的角度來看，阿里斯特的收入顯然更有益於他們的利益。

我們必須深入探究事物的深層效應，而不僅是局限於表面上的直接效應。從這個角度來看，節儉和奢侈在促進工業發展方面最終是產生相同的效果。

重點在於，資本是否以合適的方式使用和分配。儲蓄起來的錢並非單純的閒置，而是會透過投資和消費的方式周轉在經濟中，對工業發展產生影響。相比於奢侈的即時消費，明智地運用儲蓄來投資，不僅能為自己帶來長遠利益，也能為社會創造更多就業機會和財富。

然而，我們也不能完全否認政府在創造就業方面的作用。但如果政府只是單純地從納稅人那裡掏錢來人為地創造就業，而非讓資本自然地在市場上流動，那就可能造成扭曲和不公

第一章　光明與黑暗─公共政策與經濟思想的真理之辯

平。相反，政府應該致力於營造有利於資本合理流動的環境，讓市場自發地創造更多就業機會。

總之，在追求經濟發展的道路上，我們需要找到一種平衡點，既要尊重個人的財產權和獲取利潤的權利，又要適度發揮政府的引導作用，最終實現社會整體利益的最大化。只有這樣，我們才能真正推動工業進步，造福全體人民。

我們看到的許多經濟現象並不簡單，貌似只有直接效應，但其實還有很多間接、遠期效應。如果我們僅看直接表象，很容易陷入誤解。相反，如果我們深入探究政治經濟學，就能全面把握各種直接與遠期的效應。

比如某些行業被免稅，看似是對他們的優惠，但實際上是將那些虧損轉嫁到其他人身上。社會沒意識到這一點，只覺得是在優惠某些人，卻忽視了其他人被迫承擔了額外的負擔。

我們應該以較長遠的視角去看待經濟現象。正如夏多布里昂所說：

「歷史總有兩種後果：一種是當下立即可見的，另一種是較遙遠的、最初難以覺察的。前者出自我們的短視，後者需要我們有遠見卓識。真正幸運的結果往往需要建立在道德和公正的基礎之上，如果缺乏這些，結果必定違背人性，適得其反。

有些人可能會拒絕接受這種至上智慧，寧願將之稱為『環境的力量』或『理性』，但我們只要觀察已經完成的事情就會發現，若不在一開始就建立在正義之上，其結果必然南轅北轍。」

我本來還可以舉更多例子說明這一觀點，但道理都是一樣的，論證起來就會千篇一律。不如轉而引用夏多布里昂的這番精彩論述，作為本文的結語吧。

第一章　光明與黑暗—公共政策與經濟思想的真理之辯

第二章

法律

第二章 法律

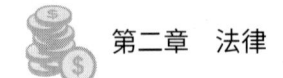

人世浮沉，仕途坎坷
── 一位法國政治家的發展軌跡

法國政治家和歷史學家路易‧梯也爾，在漫長的政治生涯中曾擔任過議員和首相，最終在 1871 年當選為法蘭西第三共和國總統。另一位重要的政治家和浪漫主義詩人阿方斯‧拉馬丁，在 1848 年革命時期聲望達到頂峰，是建立共和制的最積極的鼓吹者。然而，拉馬丁更多地是個理想主義者，對實際政治缺乏把握，不久就失去影響力，於 1851 年退休。

這些政治家的起起伏伏生涯，都折射出一個時代的政治洪流。1851 年的倫敦萬國博覽會，是大型國際博覽會的濫觴，反映了工藝和工業發展的趨勢。同期，由於歐洲發生嚴重歉收，導致 1847 年食品價格暴漲，造成農業、工業和金融的衰退。「飢餓是魔鬼的引路人」，這句話道出了當時社會的困境和動盪。

一些政治家如 Dupin、Fould、Bineau 等，都在這一動盪時期扮演了重要角色，參與了相關政策的制定和實施。而出身名門的政治家，往往無法完全擺脫自身階級利益的局限，使得改革面臨重重障礙。政治家們在實踐中，也常常與民眾理想產生偏差。

而當時興起的各種社會主義思潮，如聖西門、傅立葉、卡貝等的理想社會構想，也面臨著失敗的命運。然而，這些革命

思潮無疑也推動了那個時代的巨大變革。

無論成功或失敗,這些政治家們的起伏歷程,無不折射出那個動盪時代的縮影。他們的發展軌跡,生動地描繪了一個特定歷史時期,政治人物如何在機遇與挑戰中,不斷探索權力的掌控之道。

法治與自由的辯證

對自由的最大威脅正是政府。政府用法律合法化的掠奪行徑:「我們看到,法律從擁有某種東西的人那裡攫取,將其給予並不擁有該東西的人;法律以犧牲他人為代價造福於某一公民,而要是該公民本人從事這樣的行徑肯定是犯罪行為。」我們不得不承認,大多數政府行為都是以法律之名行盜竊之實。

生命、自由和財產是先於並高於一切人類立法之上的上天賦予的自然權利。政府的存在目的,就是要保障這些不可剝奪的權利。美國這個國家能夠將社會秩序建立在最穩固的基礎之上。不過,美國奴隸制和保護性關稅等兩大缺陷,這正是以法律之名侵害自由和財產的典型案例。

自由和法治並非簡單對立,而是需要在相互制衡中不斷追求平衡。我們必須警惕政府濫用法律手段侵害公民的自然權

第二章　法律

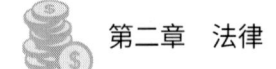

利,同時也要堅持以法治維護自由秩序。這是一場永恆的辯證,需要我們不懈努力。

我們創造了數不清的法律,其中大部分都允許政府對那些並未傷害他人的人施加暴力。從禁止在公共場所吸菸到最低薪資法,每一部這樣的法律都使得那些堅定地要求和捍衛上帝賦予權利的人變得孤立,最終被政府所毀滅。社會主義者妄圖扮演上帝的角色,他們試圖用法律限制和平自願的交換,懲罰那些不願遵從的人。對他們而言,人民不過是可以塑造成各種社會形態的原材料,而立法者與人民的關係就像陶工與黏土的關係。

自由的雄辯可以拯救社會,但歷史卻證明了他的樂觀主義是錯誤的。事實上,人類歷史就是一部菁英階層透過政府,系統地濫用權力和控制的悲慘史。二三百年後的歷史學家將會看到,自由只在西方國家短暫出現過,最終又回歸到專制統治的傳統狀態。

技術進步將使政府實施控制變得更加困難,公民能夠在政府不知情的情況下溝通和交易。同時,充滿活力的自由市場組織也將幫助美國重拾對自由的尊重和熱愛。我們肩負著艱鉅的重任和道德責任,必須喚起人們對自由的嚮往,以免自由在美國乃至全世界消亡。

當法律背離其本來的正當目標,反而成為剝奪個人權利的工具時,公民將面臨悲慘的兩難抉擇:放棄道德,或不再尊重法律。這種法律的扭曲為社會帶來了巨大的危機,因為人們會為了

自己的利益爭相參與立法活動，立法大廈內外均是激烈的鬥爭。

即使是出於善意的法律干預，也可能破壞自由和正義。以關稅和公共教育為例，指出這些看似善意的政府措施，實際上是合法化的掠奪行為。那些企圖操縱和設計人類的立法者，他們把人看成是被動的棋子，必須被強制統一，以實現他們的目標。

這些妄圖改造人類的「可悲的傢伙」，他們自以為高人一等，卻忘記了每個人都是理性自由的個體，都擁有上帝賦予的觀察、思考、判斷的能力。他同樣批評了無限民主的謬調，指出人民在選舉期間被描繪成智慧、道德、完美，但一旦當選便滑落至墮落的境地，這種矛盾令人費解。

我們應拒絕這種人為的社會秩序，恢復自由的原則。生命、自由和財產權是人之為人的本質，是先於一切人為立法的基本權利。

自由與正義的理念
── 法律的本源與濫用

並不是由於人們制定了法律，人身、自由和財產權才得以存在。恰恰相反，是因為已經存在著人身、自由和財產權，人

第二章　法律

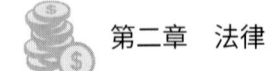

們才去制定法律。法律的本源，就在於每個人都擁有保衛自己人身、自由和財產的自然權利。這些權利是構成或維繫生命的三大基本因素，是互為補充的。

每個人都有權使用暴力來捍衛自己的權利，但這容易導致社會混亂。因此，人們組成集體，用共同的暴力來取代個人的暴力，以確保每個人的人身、自由和財產安全，維護正義。這就是法律的本義——行使天賦之正當自衛權利的組織，用集體性暴力替代個人的暴力。

然而，不幸的是，法律已經遭到了濫用。有些人出於愚蠢的自私自利，另一些人則出於虛偽的仁愛，試圖利用法律為自己謀取利益，侵犯他人的權利。他們把掠奪粉飾為一種權利，把正當防衛說成是一種犯罪，以集體性暴力去壓制正義。

法律的本質是保護人們的基本權利，建立社會秩序。倘若法律背離了這一本源，反而成為壓榨他人的工具，最終必然會導致社會動盪不安。因此，我們要堅持法律的理性追求，恢復法律與自由、正義的本質統一，讓法律重新成為人類社會進步的基石。

法律的本質在於維護正義，但在現實中，法律卻常常淪為某些人從事不公正行為的工具。這種情況背後的根源在於，法律的制定往往掌握在少數人手中，而這些人會利用手中的立法權力，為了自己的利益而制定有利於自己的法律，藉此剝奪他人的權利和自由。

我們不難發現，當制定法律的權力落入普通民眾手中時，

情況並沒有好轉，反而變得更加糟糕。新的掌權階層首先想到的不是消除掠奪現象，而是組織一個報復其他階級的體系，以達到自己的目的。這樣一來，整個社會反而變得更加不公平和不正義。

這種濫用法律的現象，不僅使每個人的良心蒙上了汙點，無法再分辨何為正義何為不正義，更使得人們普遍對法律失去尊重。甚至連那些受到傷害的人也會為那些有害的法律辯護，因為他們已完全相信，只要是法律就是正義的。

這種法律淪為掠奪工具的後果是災難性的。它不僅腐蝕了人們的道德，也激化了各方利益衝突，使政治領域的鬥爭異常尖銳。政治激情和鬥爭變得比以往更為重要，因為奪取立法權力就意味著奪取了掠奪他人的權力。

我們必須審視法律的本質，努力將其重新塑造成維護正義、保護弱者權利的工具，而不是少數人剝奪他人的工具。只有透過這樣的改革，法律才能真正成為社會公平正義的基石。

法律若偏離其本來的使命，以侵犯財產權為目的而非保障人民權利，必然引發各階層的爭奪藉此謀求自身利益。這種法律的可惡濫用，正是導致社會矛盾更新、失序動亂的根源所在。

美國作為法治典範，其社會秩序之穩定也並非毫無裂痕。奴隸制和保護性關稅，這兩大與共和國精神相悖的掠奪性法律，使其政局多次陷入危險。法律成為不正義的工具，足見這一問題的嚴重性。

第二章　法律

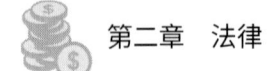

若在處處可見的歐洲，這種情況更為普遍，那其後果必將更加嚴重。因此，我們必須正視法律可能背離其崇高使命而淪為掠奪工具的風險，並以此為戒，堅持法律應當致力於保障人民自由財產權利，維護社會健康穩定發展。

合法地掠奪
—— 理論與實踐的矛盾

法律有時竟會站到掠奪者一邊，使掠奪行徑合法化。這種法律授權的掠奪行為，恰恰是社會主義理論和政策中的一個突出問題。

表面上，不同的社會主義措施旨在減少貧富差距，促進共同富裕。然而，實際運作中，這些措施往往淪為法律授權的掠奪形式。比如，關稅、補助金等為某些產業或群體謀利；累進稅制、社會福利等則可能損害其他人的利益。無論是為了某個特定利益集團服務，還是企圖實現全民共同富裕，這種做法都可能演變成對個人財產權的侵犯。

這種法律授權的掠奪現象並非個別案例，而是有一定理論依據和制度基礎。很多社會主義者認為，透過組織性的財富重新分配，最終可以實現各階層的共同富裕。但實踐證明，這種

做法不僅無法實現預期目標，反而助長了掠奪行為的蔓延。一旦這種掠奪機制得到制度化，就會不斷自我複製，難以根除。

因此，要遏制法律授權的掠奪，首先要正視這一問題的理論根源。我們需要深入分析這些社會主義措施背後的邏輯謬誤和價值偏頗，駁倒其理論基礎。同時，也要在立法和執法中，徹底清除那些潛在的掠奪因素，恢復個人財產權的法律保護。只有這樣，才能真正遏制法律本身成為掠奪工具的偏差現象。

德蒙塔朗伯爾先生所面臨的困境，正正反映了社會上法律與正義之間微妙的平衡。他試圖以法律手段來遏制社會主義的發展，卻發現法律本身就蘊含了這種社會主義的種子。從較為局限的貿易保護主義，到更為普及的社會主義，都存在著以法律手段侵犯他人權利的問題。

這種法律上的掠奪，根源於人性中兩種極端的傾向——自私自利和虛偽的博愛之心。前者導致了特定利益集團運用法律謀求自身利益，而後者則試圖以法律手段強制推行所謂的「互助友愛」。無論哪一種，都無法真正實現正義的保障。

法律的兩大功能——保障公民自由與提供社會福利，其實是矛盾的。我們不可能同時實現自由與不自由，正義與博愛。一味地將法律擴張到社會生活的各個領域，不可避免地會摧毀正義的根本結構。

因此，我們唯一可以指望的，就是將法律局限於維護公民權利，避免其被濫用侵犯正義。這不是一條簡單的路，需要我

第二章　法律

們克服人性中的種種弊端，但這或許是通往和諧社會的唯一出路。「法律是有組織的正義」，我們必須清楚意識並堅持這一根本原則。

我們必須明白，那些賦予法律以掠奪權利的人的動機並非純粹出於博愛之心，而是源於對可以透過法律手段來實現普遍福利的錯誤信念。社會主義者曾問：「既然法律能夠實現正義，為何不能用它來管理勞動、教育和宗教？」然而，我們必須意識到，法律本質上是暴力，把其功能擴大到正當的暴力範圍之外，就不可能是正當的。

法律的目標不是實現正義，而是防止不正義占據支配地位。它只能捍衛每個人的人身、自由和財產權，不能侵害這些權利。如果法律去強加某種勞動制度、教育方式或宗教信仰，那就已經違背了其存在的本質。這將取代個人的意志和計劃，使人喪失其人身、自由和財產，最終造成不正義的結果。

我們不能想像，在不踐踏自由和侵犯財產權的前提下，法律能夠實現財富的轉移或組織管理勞動和工業。因此，我們必須承認，法律無法達到社會主義者所期望的目標。

面對社會中存在的各種不正義現象，政治理論家應當深入思考其根源。正是由於古代和現代的掠奪行徑，以及法律的干預，才造成了今天的貧富懸殊和人民蒙受的沉重苦難。相反，如果正義真正占據主導地位，每個人都能得到應有的報償，進步的力量必將得到釋放，從而實現最大程度的平等。

▌重新檢視社會計畫背後的暴力與掠奪

　　我們不應被那些充滿理想主義和友愛字眼的口號所迷惑。事實上，許多社會主義者的計畫和行動，都建立在一種強制與掠奪的基礎之上。他們聲稱要實現平等、互助、團結，但卻往往採取強制的法律手段，從個人那裡奪取財富和自由。他們將人民簡單化為可被塑造的原材料，企圖用自己的奇思異想來重新構造社會。

　　我們必須清楚地意識到，法律並非是一個自動產奶的乳房，它所分配的東西，都是來自於社會各界的貢獻。要實現真正的平等和福祉，並非透過強制的手段，而是應該尊重個人的自由意志，讓自由的交換和組織自發地進行。我們反對的，並非友愛、團結、教育，而是強加於人的那些人為組織和責任感。

　　社會主義者總是將政府與社會混為一談，只要我們反對政府的某些行為，他們就斷言我們反對一切。但事實並非如此，我們只是反對政府的強制干預而已。法律確實無能為力製造真正的善，它最終只能造就暴力和掠奪。我們必須喚醒人們，去直視那些社會計劃背後的本質，從而拒斥那些建立在強制手段之上的虛假善意。

　　社會主義者常將人視為可塑造的原材料，企圖用各種社會制度模子來塑造人，但這恰恰忽視了人性中獨特的價值與潛力。

第二章　法律

　　正如文中所指，社會主義者常認為人是被動的、有待啟蒙和道德改造的對象，而立法者則擁有神祕的力量，可以改造人性並引導人類走向正確道路。但事實並非如此，正如文中所指出的，人類內心確實存在著行動的天性和洞察力，這些都是上天賜予的寶貴天賦。

　　社會主義視人如工匠塑造泥塑，忽略了人之所以為人的根本特質。人是有思考、有選擇、有智慧的存在，並非任憑擺弄的對象。相反，人性中的自主、創造和道德追求，才是最珍貴的。一味試圖用社會模式壓制和改造人性，無疑是對人性尊嚴的侵犯。

　　立法者和統治者固然有其職責，但他們並非全知全能的存在，更無權凌駕於人性之上。相反，他們應敬重人之所以為人的核心價值，保護和發展人性中積極向上的因素，讓人得以自由發展、自我實現。只有這樣，我們的社會才能真正走向進步與和諧。

　　人性的獨特性和內在價值，正是我們應當珍惜和尊重的。社會主義對人性的錯誤認知無疑是有害的，我們需要重新認識和重視人性的本質，以建構一個更加自由、公正和富有活力的社會。

　　古代社會思想家常認為，人民的幸福與否全然取決於國王及法律的規範。博須埃、費納隆等人便是如此認為，認為只要有明君領導，民眾就能過上安康富足的生活。

但這種觀點忽略了人民自身的智慧與能動性。正如本文所述，富裕的城鎮鄉村、年年豐收的農田、牲畜成群的牧場，這一切豐饒景象並非來自於君王恩賜，而是人民勤勞的結果。正是人民的智慧與汗水，才造就了一個個繁榮昌盛的社區。

同時，良好的法律也能為人民創造有利環境。但這些法律並非由君王一人拍板定下，而是要經過社會各界協調、溝通、妥協後才能制定，使之符合公共利益。一味崇拜古代社會，盲目地相信君王的力量，這種觀點忽略了人民作為公民的主體性和自由意志，是不合時宜的。

真正的社會繁榮，需要的是在君主權力與公民自由之間找到平衡。公民不能只是被動服從，而應當積極參與社會事務，發揮自身的智慧與能力。君王制定的法律固然重要，但更要尊重公民的基本權利，保障他們自由發展的空間。只有在這種基礎上，一個國家才能真正實現長期穩定和全面繁榮。

金錢與法律：尋找財富平等的道路

在漫長的歷史過程中，財富分配一直是人類社會面臨的重要課題。法律作為維護社會秩序的重要工具，也不得不介入這一領域。儘管財富完全平等可能難以實現，但透過適當的法律

第二章　法律

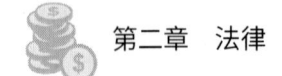

調整,逐步縮小貧富差距,以確保社會基本正義和和諧,似乎是一條可行的道路。

古希臘的兩類共和國,一是以軍事為導向的斯巴達,另一是以商業為中心的雅典,都對財富分配有其獨特的處理方式。斯巴達立法者出於維護秩序的考慮,刻意混淆了正義與罪惡的概念,企圖營造一種人人平等的社會。而雅典則注重引導公民熱愛勞動,追求物質富裕。這兩種截然不同的手法,都在某種程度上實現了財富的重新分配。

我們這個時代,也存在著一些類似的現象。某些具有遠見卓識的立法者,試圖透過重塑民族性格,來達到理想的社會秩序。比如彭威廉先生,他以和平為目標,塑造了一個特殊的民族性格。又如巴拉圭國家,更是透過強硬的立法手段,實現了一種社會主義式的共產主義理想。

當然,如果單純追求發號施令的快感,而無視人性的需求,也必將導致災難性的後果。因此,立法者應當本著尊重神明、維護民族道德、限制商業活動等原則,來謀求財富分配的平衡。他們應當提供大眾所需的基本藝術,而不是奢靡的享樂,以滿足人們的基本需求,而不是縱容人性的放逸。

唯有如此,法律才能真正成為促進財富平等、維護社會秩序的有力工具,而不是走向極端的幻想。一個理想的社會,必須在追求正義與自由的平衡中,為人們創造一個安康祥和的生活環境。

面對這些冗長而蒼白的段落，我不禁感到一絲不安。在孟德斯鳩和盧梭的筆下，立法者彷彿是一位神明般的存在，擁有改造整個人性、重塑社會的能力。然而，這樣的立法者是否真的可能存在呢？他們是否真的能夠擺脫自身的局限，洞悉人性的深層本質，並據此為社會設計出完美的體制？

　　雷納爾的觀點無疑更加務實。他指出，立法者必須首先審視自身所處的地理環境，並根據當地的資源、氣候條件來制定法律。他強調，即便是在建立新的國家，立法者也不能輕易拋棄人們的古老習俗，而是應該嘗試逐步改造和糾正它們。

　　這樣看來，立法者並非神明般的存在，而是一個擁有自身局限的凡人。他們無法徹底改造人性，只能在現有的條件下，設法調和矛盾，維持社會秩序。或許，我們不應過於期望一位立法者可以完全實現理想國的藍圖，而是應該理解，良善的制度建設需要一個循序漸進的過程，需要在理想與現實之間不斷尋求平衡。畢竟，一個完美的社會終究只能存在於理論之中，而現實總是遠比設想來得複雜。

　　在治理人民的道路上，立法者如同農業教授指導學生管理農作物一樣。氣候是最基本要素，決定著耕作方式。位置決定土質，土質決定耕作方法。即使具有卓越能力，也僅能根據不太可靠的假設寄望改良土地。但這些土地——黏質、沙質，以及施加的肥料，都不是無生命的物品，而是與我們一樣擁有理性和自由意志的人民。

第二章　法律

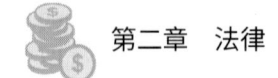

　　馬布利批評，當國家法律鬆弛，治安失控時，政府只需要重新拉緊發條就可以防患於未然。但自由人對此一無所知，只好失去自由。如果罪惡過甚，政府不得不施行特別行政權力，以壓制人民的妄想。這樣的思路，滲透於古典教育的基礎之中，導致一切立法者都企望將自己置於人類之上，用自己的方式管理、組織和教育人民。

　　而孔狄亞克更加坦率，直言若非有如來古格士或梭倫般的人物，人類將陷於無法無天。他主張，必須用強制性手段，使野蠻人拋棄私慾，遵從美德。不過，即便多數民族都擁有法律，卻鮮有獲得幸福，因為立法者自己也往往不清楚社會目標是如何將所有家庭團結為一體。

　　在這些頗富理想主義色彩的論述中，我們看到了立法者的優越自恃以及對人性的誤解。無論是馬布利的發條理論，還是孔狄亞克的強制性手段，都忽視了人民的理性與自由意志。追求社會和諧的理想，往往需要付出沉重的代價，損害個人尊嚴與權利。面對這種偏頗的治理主張，我們必須謹慎思考，尋求更加平衡與公正的途徑。

重新實現對真正自由的追求

　　自由不就是人們充分發揮自我才能的自由，只要不損害他人？自由不就是摧毀一切專制統治的自由，甚至是法律授權的專制統治？說到底，自由不就是讓法律僅限於合理範圍，協調個人合法自衛和制止不公正的權利？

　　可悲的是，人類熱愛自由的這種天性在相當程度上受到了阻撓。這主要是由於政治理論家們普遍存在一種致命的幻想——他們幻想自己可以置身於人類之上，按照自己喜歡的方式安排和管理人類。然而，社會正在為實現真正的自由而奮鬥，而那些自命為社會靈魂的大人物們卻仍然沉浸在17、18世紀的思想中，只想讓人類服從他們自創的仁慈暴君。

　　就像盧梭一樣，他們想強迫人類溫順地接受他們幻想出來的共同幸福枷鎖。這一點在1789年的大革命時期尤為明顯——舊制度剛被推翻，革命領導人就把同樣是人為設計的制度強加於社會，這種制度總建立在同樣的前提上：法律是萬能的，立法者掌控著未來，他們可以決定什麼才是人類的利益，甚至可以改造人性以實現政府的目標。

　　我們必須正視人性的缺陷，但同時也要相信人類自身的進步潛力。我們不能再眷戀那些短視的古典專制，而是要透過實現真正的自由權利來提升人性，讓人們擺脫那些不公正的習俗

第二章　法律

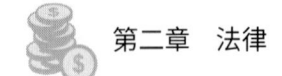

和惡習，讓他們自由地發揮自己的才華。只有這樣，人們才不會為了貪婪、野心、懶惰而瘋狂，而是能彰顯自身的偉大，創造更美好的社會。

在讀羅伯斯比爾的言論時，我們不禁感到他對人類的看重程度讓人驚訝。他不僅對人性的改革懷有強烈的願景，更是想透過恐怖手段來強行實現。可以說他將自己置於人類之上，充滿了自負。

他希望透過徹底根除社會上的一切缺點和弊端，來實現對人性的重塑。但這不是透過常規的政治途徑，而是要實行專政。他認為，在他完成這個「奇蹟」之前，是不會允許法律重新統治社會的。這無疑是一種極端的自負，認為人類是如此無足輕重，可以任由他去改造。

很多社會改革家和立法者心中都有類似的觀點。他們要求的是法律的專制和無所不能，而非直接對人類進行專制。他們只是要求制定這樣一種能夠改造社會的法律。這種對人性缺乏主動性、法律的全能性以及立法者無錯誤性的假設，已經成為某些自稱民主黨人的「神聖象徵」。

這種矛盾的心態也展現在拿破崙身上。自認為是化學家的他，把整個歐洲看作是自己的實驗材料。直到最後在聖赫勒拿島，他才似乎意識到人其實是具有主動性的。不過即使如此，他仍然堅信「統治就是提升和傳播道德、教育和幸福」。

這種將人性改造作為目標的激進主義思想在很多地方都有

展現。比如說布朗基認為，社會發展的動力必須來自政府，因為人們自身無法做出正確選擇。政府需要制定法律並藉助暴力手段將其強加於人。這種觀點無疑是將人性完全物化了，將人民視為被動的，需要靠外部力量來推動。

總之，我們看到這些思想家們都抱持著一種極端的自負和對人性的否定態度。他們妄圖透過自己的理念和暴力手段來改造人性，實現他們心目中的「完美社會」。這無疑是一種對人性的嚴重踐踏，值得我們深思和反省。

在討論政治權利的時候，似乎存在一個矛盾的困境。立法者是從人民中間選出來的，他們應該代表人民的意願。但是，一旦被選上，他們的口氣就完全變了。人民在他們眼中變得被動、缺乏自覺，而立法者則成了全知全能的人物，掌控一切，強制人民服從。

立法者認為，人民雖然在選舉中表現出智慧和良知，但其實天性就是愚昧、墮落和自我毀滅的。因此，他們必須用法律來拯救人民，剝奪人民的自由，強加自己的社會設計。他們宣稱自己擁有超凡的美德和才智，有權凌駕於人民之上，成為人民的牧羊人。

但是，這種觀點不無矛盾。如果人性真的如此惡劣，那麼立法者自己也不可能例外，他們也是人類啊。為什麼他們卻能夠成為道德高尚、智慧超群的組織者和管理者呢？為什麼人民不能自主決定自己的生活，而他們卻可以？

第二章　法律

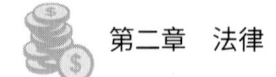

　　最終，這種矛盾源於立法者對人性的偏頗看法。他們認為自由必然導致墮落和毀滅，因此必須用專制手段來保護人民。但是，這種思維確實存在問題。歷史告訴我們，自由競爭和自主決策恰恰是人類社會進步發展的驅動力量。立法者應該尊重人民的智慧和自由意志，給予他們更多的選擇權，而不是將他們置於監護之下。只有這樣，人民才能真正成為自由、獨立和自主的公民，社會才能繁榮穩定。

▍法律與自由的平衡之道

　　組織者希望透過法律手段來實現他們的理想社會，這種做法無疑是一種暴力的壓迫。他們認為只有政府才有權力管理和教育人民，而人民自身並沒有能力來改善自己的生活，必須依賴政治當局。這種想法不僅自相矛盾，也蘊含了一種致命的自負 ── 認為只有政府才不會出錯。

　　然而，另一方面，法律的正當職責應該是保護人們的自由和權利，而不是用來壓迫和剝奪。法律的界限應當僅限於維護正義，防止暴力侵犯，而不應該去管控人們的良心、觀念和生活方式。每個個人都擁有自由行使自身權利的自然權利，法律的存在就是為了保護這種自由，而不是去剝奪它。

因此，關鍵在於如何找到法律與自由的平衡之道。政治學和經濟學應該先於制定法律，先弄清楚什麼是政府的正當職能，什麼是法律的界限所在。政府與人民的關係不應該是牧羊人與羊群，而應該是平等的公民與政府的關係。政府的責任是保護人民的自由權利，而不是無限擴張自己的權力，試圖去管控和改造人民。只有在此基礎上，我們才能建構出真正以自由和正義為依歸的法治社會。

在探討法律正義的問題上，我們無疑走到了一個重要的十字路口。確實，我們每個人都有自己夢想的烏托邦，渴望透過法律實現社會的公平和理想。但是，我們必須小心，不要掉入一個模糊與不確定的境地，最終陷入一場令人迷失的烏托邦爭奪戰。

法律的本質在於公正，而非盲目的博愛或兄弟友愛。一旦我們試圖透過法律來實現某種形式的理想社會，問題就會變得無比複雜。德聖克里克先生想要法律保護某些行業，孔西代朗先生呼籲法律保障勞工利益，布朗基先生則要求法律保證每個人的生活必需品。接下來，又有人要求法律提供免費文化教育，甚至奢侈品。這條路，一直通向共產主義。

法律的職責應該是維護正義，而非實現天方夜譚般的公平烏托邦。如果法律越俎代庖，試圖強行創造某種理想的社會秩序，那麼它就難免會陷入一場毫無公理可循的爭奪戰。正如所述，這樣的法律必將招致無窮無盡的抱怨、動亂和革命。

第二章　法律

　　相反，我們應當堅持法律即正義的原則。法律的正當性在於維護社會中人人平等的根本利益，而不是企圖滿足每個人的夢想和欲望。如果政府的暴力力量僅限於制止不公正行為，那麼社會必將實現真正的繁榮，人們也就無法再責怪政府。

　　法律的作用不是從各種荒誕的白日夢中隨意挑選一個，然後動用政府的力量來強行實現。這樣做只會徒增混亂。相反，我們應該堅持法律的本質——正義與公平，努力建立一個簡單而持久的政治制度。只有這樣，我們才能在優雅與節制的法律框架下，共同實現社會的和諧發展。

　　法律並非單純的規範而是正義的展現。我們不應被誤導，認為法律應該是無神論的、個人主義的或冷酷無情的。相反，法律應該是依據正義的原則而制定，為人類創造自由和秩序。

　　那些片面地崇拜政府，認為人類是法律的產物的觀點是錯誤的。如果沒有法律的約束，人類就無法擁有任何才能和動力嗎？這種觀點太過狹隘。相信上帝賜予人類足夠的能力去追求自由，人類並非單純的法律造物。

　　事實上，越是給予人民自由，越能看到他們的道德、和平和繁榮。那些政府權力最小、干預最少的國家，往往也是最幸福、最安康的。人性本善，在自由的範圍內，人類必將以自願和合作的方式，追求普遍的正義。

　　我們不應該像那些自以為是的改革家一樣，干預和管制人類。相反，我們應該如同一位生理學家一樣，以客觀的態度

接受人性的局限,並感恩上帝賦予人類的存在形態。讓我們遠離那些企圖人為改造人類的庸醫和計劃者,而是給予自由以機會,以此來實現正義和自由的尊嚴。

第二章 法律

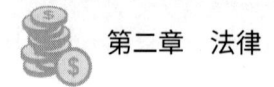

第三章
財產權與法律

第三章　財產權與法律

　　我的同胞們，你們將議員的頭銜賦予於我，我深感榮幸。但正如盧梭所言，不應輕易承諾要改造人性，因為這需要「偉大的立法者」般的力量。社會確實是人類的創造，但法律並非簡單地改造它，而是為了維護先在的人性及其權利而存在。

　　我所理解的財產權，並非指單純的土地所有，而是勞動者對其創造價值的權利。這種權利是否有賴於法律？還是法律源於財產權的存在？如果是前者，那麼立法者可以隨意取消或組織財產權；如果是後者，那麼立法者的職責就是維護和保障這種先在的權利。

　　德拉芒內斯提出的憲法草案前言，明確指出權利和責任先於且高於成文法律，並源自上帝。我想知道，為何沒有將財產權列入其中？因為財產權同樣是源自上帝的先在權利，反而是法律存在的根源。

　　我們不應迴避這個結論。財產權並非法律創設，而是先於法律而存在。因此，立法者的職責不是隨意干預財產權，而是維護和完善這種先在的、神聖的權利，使之真正服務於社會。讓我們以此為基礎，共同建設一個更加公平正義的社會秩序。

　　從根本上說，財產權並非是人為制定的法律所產生的，而是人性的必然結果。每個人生來都具有各種需求，為了滿足這些需求，人必須占有和利用一定的物質資源，這就是財產權的起源。

　　就像動物和植物一樣，人也必須透過占有特定的土地、空氣、養分等來維持生存和發展。這種占有行為是自然而然的，

是生命得以延續的根本條件。而人類透過自己的勞動,將原本無法利用的物質加以開發和改造,使之成為可供利用的財產,這也賦予了財產一種正當性。

因此,財產權先於法律,它是人性使然的結果。即使在野蠻時代,人們也會毫無疑問地承認個人對自己勞動成果的占有權。這種占有權的濫用,促使人們達成合作和社會協議,進而產生了保護個人財產權的法律制度。可以說,法律的起源就是為了維護和保護財產權,而不是相反。

放眼整個生物界,財產權原則也是普遍存在的。燕子在自己修建的巢中哺育子嗣,植物透過吸收養分而生存發育,這無不展現了財產權的自然屬性。剝奪了這種占有和利用的權利,任何生命體都將難以為繼。

因此,我們可以說,財產權是一種至高無上的、神聖不可侵犯的權利,它不是由人為法律賦予的,而是人性固有的必然結果。只有充分尊重和保護財產權,人類社會才能真正實現持續穩定的發展。

法律的起源與發展

法律的產生是為了回應人性的普遍特徵 —— 強者掠奪弱者的欲望。為了保護弱者的權利,大家聯合起來建構了法律,使

第三章　財產權與法律

之成為社會的基礎。然而，我們在探討法律的源頭和本質時，卻陷入了困境。

一方面，現有的憲法宣稱財產權為神聖不可侵犯。這似乎意味著，財產權先於法律，法律的唯一目的就是保護財產權。可是事實上，那些政治理論家們又呼喚法律去矯正、削弱、改造甚至管理財產權。這樣看來，人們認為法律對於人身和財產擁有絕對的權力，財產權並非絕對。

另一方面，我們不禁懷疑，這種對財產權的崇奉究竟是不是社會的真實面貌。因為在羅馬法中，財產權只是一種約定俗成的東西，源於掠奪和奴隸制。那麼，我們的憲法中所宣稱的神聖不可侵犯的財產權，究竟是不是一種虛偽的理論呢？

這一系列矛盾和疑問，顯然源於法律與財產權之間的複雜關係。法律究竟是保護還是塑造財產權？財產權是否真的先於法律？這些都值得我們深入思考。只有釐清了法律與財產權的關係，我們才能真正理解法律的本質與起源。

作為法學家，我們必須坦承，目前的大學和神學教育使法國年輕人容易接受法學家們關於公共輿論的錯誤觀念。在我們最生命美好的10年裡，這種教育將我們淹沒在蘊含於羅馬社會的戰爭和奴隸制氣氛中。當我們看到18世紀的人們重複著羅馬人關於財產權的觀念時，也就不足為奇了。在他們看來，財產權並非法律的邏輯結果，相反，法律才是財產權的邏輯結果。

我們都知道，在盧梭看來，不僅僅是財產權，整個社會秩

序都是某種契約、某種人為的產物，是立法者精神的產物。這種正當性並非來自自然，而是源於約定。因此，作為其他一切之基礎的正當性也是約定性的，財產權作為其次級正當性也同樣如此，並非源於自然。

羅伯斯比爾完全繼承了盧梭的理論。他始終認為，財產權應受制於其他公民的權利，不能凌駕於自由之上。他批評那些只知崇拜金錢的人，指出即使是非比里修斯的草屋也是一種財產，與盧卡拉斯的豪宅一樣，重要的是要限制財產權以保護他人權利。

羅伯斯比爾將自由與財產權對立起來，認為前者源於自然，後者只是約定俗成。但他又認為，這兩種權利都必須受到他人權利的限制，以實現平衡。這就意味著，財產權不能凌駕於自由之上，而是要與之並重，共同構成社會秩序的正當性基礎。

可見，正當性和財產權的關係是一種新陳代謝的過程。立法者必須在自然權利與約定權利之間找到平衡，才能建立一個和諧的社會。這其中既需要尊重個人的自由，又要規範財產的合理分配，展現公平正義的價值追求。

不可否認，羅伯斯比爾及其同道們的思想，確實為我們開闢了最廣闊的想像空間。一旦我們承認財產權是由法律創造的，那麼法律制定者便成為絕對主宰，可以任意管理和安排勞動者及其成果。從傅立葉、聖西門到歐文、卡貝、布朗基等各式各樣的社會組織模式應運而生，無一不以法律為依歸，妄想改造人性。

第三章　財產權與法律

　　這種建基於財產權源於法律的觀念，其後果無一不是引發權力欲望。夢想家渴望成為立法者，以此將自己構想的制度強加於人。善意者企圖拉平人們的生活，但代價是徹底消除競爭，扼殺生產動力；而惡意者則利用法律犧牲多數人以謀少數人的私利。這樣的思想體系最終導致的必然結果，要麼是高度集權，要麼是徹底共產主義。

　　令人費解的是，連國民議會內的高官都認為，不管勞動多寡，應一視同仁地統一發放薪資。這無疑是與人性背道而馳的，因為它完全抹滅了勞動者的積極性和創造力。正如布朗基所設想的那樣，如果要靠法律強制人們改變本性，那勢必需要建立龐大的政府機構來維持，這顯然是烏托邦空想家所不願意面對的。

　　我們不能否認烏托邦思想家們確實為我們提供了無窮無盡的想像空間。但現實往往殘酷地打擊著人性的美好理想，我們終究要回歸到現實的土地上，審慎地權衡利弊，在理想與現實中尋找一個平衡點。

▎創造自由與尊嚴的新社會

　　人性中蘊含著自私自利以及維生發展的欲望，這是推動人類進步的強大動力。但是，維達爾先生卻準備透過法律和立法

來抑制人的自私本性，取而代之以一套講求榮譽的新秩序。

在他的構想中，人們不再為求生存而必須勞動，而是要遵循軍隊式的榮譽操守。他認為，這樣不算另一種自私心理，卻難免引起了我的質疑。如果將勞動者按軍隊編制，那麼，軍法中規定的30種死罪豈不成為約束全民的法令？這樣的後果恐怕會導致社會陷入巨大的不確定性，猶如達摩克利斯之劍，籠罩在生產、商業和工業之上，造成災難性的影響。

在自由的國家，人們可以安心地將資本和勞動投入生產，因為財產權受法律保護。但如果我們接受維達爾先生的論調，以為財產權源自法律而非勞動，那麼即便是善意的烏托邦規劃，也可能破壞經濟發展。人們將不敢創業投資，生怕法令在不知何時改變，失去一切前景。

我認為，人性中蘊藏的自私與理性，生存與發展的力量，都不應被法律任意扼殺。相反，我們應當建立一個尊重個人自由、財產權的新秩序，讓每個人都能發揮自身潛能，在自由中創造繁榮。只有這樣，人類社會才能真正昌盛進步。

我承認，一想到政府的錯誤政策使我們國家陷入了更深的財政困境，我就對國家的未來充滿擔憂。2月24日，政府公布了令人擔憂的預算案，開支遠遠超出了法國目前的正常收入水準。財政部長更表示，國家還有10億法郎的債務即將到期。在這種令人憂心的局勢下，開支持續增長而收入卻持續下降。問題並不止於此。政府的兩個理想正在拖垮我們的國家，每一個

第三章　財產權與法律

目標都是無底洞。

首先，政府大量投入公共資金建立了許多慷慨但極其昂貴的機構。同時，政府又在不斷減少各種稅收。一方面設立了各種福利機構，如托兒所、收容所、免費教育等，以及國有企業和退休養老金計劃；另一方面取消了鹽稅、通行費和消費稅等。為了同時滿足這兩個相互矛盾的目標，必然需要大量財源支撐。這對任何國家來說恐怕都是超出能力之外的艱鉅任務，必須把所有力量都投入生產性活動中才能應對。

然而，在此關鍵時刻，卻出現了一種錯誤的主張：財產權是由法律創造的。據此，立法者可以隨意頒布法令，這必定會打亂企業的所有計畫。勞動者的所有權不再源自其創造勞動，而只是因為法律的授予，明天的法律又可能撤銷這種授權。這必將導致資本和勞動力在恐慌中逃離，農業生產和工廠營運停滯，國家財政也將岌岌可危。

我將重新考察那些與當今主流原則相反的經濟學家的論述，他們正確地指出，財產權源於勞動，而非源於法律。法律的唯一職責就是維護這些以勞動創造的財產權，不管其形成過程如何。只要尊重彼此的權利，財產就能得到可靠的保障。只有真正理解和遵守這一原則，我們的國家才能走出目前的財政困境，實現真正的繁榮發展。

我一直堅信，財產權是人之自由的根本展現。它意味著我們有權依自己的理解享受自己的勞動成果，有權自由工作、發展

和發揮才能。國家的職責，應當是保護這種財產權，而不是無限制地干預和控制。

經濟學家的原則，認為財產權先於法律，這才是自由的真諦。如果財產權是上帝賜予的，而非立法者創造的，那麼，就不可能存在無數種財產權模式，相反，人間的立法也只能是保護這種先天的權利。這種觀點不僅能為所有勤奮努力的人提供更安全、更有保障的未來，也意味著更大的一致性。

反對者往往以集體利益、平等為名，要求國家透過法律手段干預和控制財產權。但這其實就是共產主義的本質——以犧牲某些人的利益為代價，增加另一些人的份額。無論是一滴水還是整片大海，這都是一樣的邏輯。我們必須堅定地反對這種以法律凌駕於財產權之上的錯誤觀念。

我深信，財產權一旦受到任何形式的削弱，很快就會遭到各種不同形式的攻擊。因此，我們不能僅僅局限於關稅問題，而必須奮力捍衛財產權這一根本原則。這不僅是正義的問題，更是關乎公共秩序的問題。因為一旦允許任何形式的特權和剝奪，最終必將導致社會的動盪。

我相信，只有堅持每個人都有義務自行維持自己生存，每個人都有權享受自己勞動成果的原則，我們才能實現真正的繁榮，並公平地分擔稅負。我期待著，透過殘酷的教訓，人們最終能理解，應當對人民的自我能力多一些信任，而對國家的力量少一些依賴。

第三章 財產權與法律

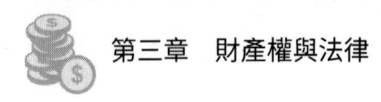

第四章
理性復醒與正義的追尋

第四章　理性復醒與正義的追尋

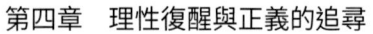

　　這場爭議從未停息。當權力機構利用稅收達到操縱市場、維護階級利益的目的時，我們必須義正詞嚴地予以反對。我們並非為了謀求某些商業利益而發聲，而是要還原一切以公正為宗旨的基本原則。權力機構妄圖運用法律手段，強行均衡財富分配，實質上顛覆了財產權的神聖性。這種做法於情於理都是不可接受的，因為它意味著剝奪一些人的合法權利，轉而施予他人。我們絕不容忍這種以強權凌駕於法律之上的行為。

　　然而現實卻殘酷地證明，土地所有者和資本家們曾經推動和享受的那些不公平特權，如今正一步步反噬到自身。他們過去大肆鼓吹的貿易保護主義，如今卻成了通向共產主義的先鋒。資本家和地主們，如果你們不願意接受較弱勢群體利用與你們相同的不公原則來追求利益，那麼你們就不應該抱怨。一味訴諸法律手段來獲取不勞而獲的利益，這種歪曲了正義本意的做法，終將引發全社會的動盪不安。

　　我們呼籲每個人都要清楚地意識到這一點。我們所捍衛的，是維繫社會秩序和穩定的最基本原則——即每個人的財產權都應得到安全可靠的保障。我們並非提倡某種高不可攀的理想，而是要求法律嚴格限制在維護普遍正義的範疇之內。我們絕不能容許任何人，不論其地位如何，都可以凌駕於法律之上。只有遵循這些永恆的正義原則，我們才能避免陷入更深重的危機，重現社會和諧穩定。

　　在經濟學思想與各種社會主義流派之間，存在著根本的分

歧。政治經濟學堅定地認為，法律的唯一目標就是維護普遍的正義。而社會主義者則一致要求法律實現博愛的原則。這種差異的關鍵在於，社會主義者將社會秩序完全建立在法律之上，因此認為政治經濟學只要求法律維護正義，就等於把博愛排除在社會之外。

但事實並非如此。制定法總是建立在某種強制性暴力的基礎之上，難以規定愛情、友誼、摯愛等高尚情操。這並非意味著否認這些品行，而是說社會中有很多東西是法律管不了的，人們的大量活動和情感都超出了法律的管轄範圍。

社會秩序的建立並非完全建基於法律，而是建立在某種更深層的、超越法律的基礎之上。政治經濟學固然要求法律維護普遍正義，但並未因此排斥博愛的概念，而是認為博愛這類情感和行為，都在法律之外，不可能被法律所規範。

因此，我們不應該輕易相信社會主義者的批評，認為政治經濟學是僵化、冷酷、枯燥的。相反，政治經濟學乃是認識社會秩序真實形態的科學，它突出了法律之外那些至關重要的社會關係和情感因素。這是政治經濟學與社會主義截然不同的立場，也是雙方之間始終無法找到共同點的根源所在。

我誠懇地說，我以科學的名義，最強烈地反對他們的惡意言論。根據他們的說法，由於我們意識到法律有其局限性，因此他們就指責我們不承認這一界限之外的一切。相信我，當我們聽到博愛一詞時，我們內心也滿懷熱忱。這個詞在 18 世紀

第四章　理性復醒與正義的追尋

前就從聖山傳播而來,並永遠刻在我們共和國的旗幟上。我們亦熱切希望,個人、家庭、民族在艱難歷程中團結互助,共度難關。

當我們讀到偉人高尚事蹟時,心潮澎湃,熱淚盈眶,不論他們是為人們平凡生活增添光彩,還是把不同階級凝聚為緊密的國家,又或推進處於進步文明前沿的民族。難道我們只知道談論自己嗎?如果真是如此,你們可以細細審視我們的活動。

當然,我們樂意看到,我們這個時代的許多政治理論家——他們希望徹底遏制人們內心的自私自利,他們對所謂的「個人主義」深惡痛絕,不停地重複「奉獻」、「犧牲」、「博愛」等詞語——我們期望他們本人都以這些高尚動機為指導行事,恪守他們所宣揚的信條,嚴格按照自己的學說行事。我們確實希望他們言行一致,也願意相信他們都是無私仁慈的。但歸根結柢,我們也不遑多讓。

他們中每個人都有一套使人類幸福的計畫,都用那種口吻說:「我們之所以反對他們,是因為我們擔心失去自己的財產或社會地位。」不,我們反對他們,是因為我們認為他們的想法錯誤;因為我們相信,他們的建議幼稚,必將導致悲慘後果。

如果他們確實能夠向我們證明,幸福可以透過人為的社會組織或強制人人博愛而實現,即使我們是經濟學家,我們也願意支持這種做法,寧可流盡最後一滴血也甘願。然而,我們未見任何跡象表明,強加於人可以獲得真正的博愛。事實上,不

管它表現為何種形態，假如它能強烈地激發我們的感情，那恐怕就是因為它恰好在所有法律規範之外。博愛要麼是自發的，要麼就根本不存在。頒布法令只能徹底消滅博愛。法律可以強迫人維持正義，但企圖以法律強迫他人具有自我犧牲精神，只能是徒勞的。

我相信，18 世紀前宗教神聖的奠基人就宣示了這些話：「法律對你們說：己所不欲，勿施於人。」而「我要對你們說：己所欲，施於人。」我相信，這些話為公正與博愛劃定了界限，也劃定了受制於法律的領域與人的自發性無盡領域之間的分界線。這不是絕對的、不可踰越的，而且是合理的。

自由和正義 —— 權利與責任的平衡之道

法律的根本職責應該是為個人權利劃定明確界限，而非以強制性的方式推動「博愛」原則。

正義的原則有其固定的含義，每個人都能清楚知道自己應該做什麼。但如果將之替換為「博愛」，其界限和形態就變得模糊不清。強制人們進行利他主義犧牲是有問題的，因為這樣不僅會帶來不確定性，也可能剝奪個人的自主權。

在一個以正義為根本的國家，人們願意自己對生存負全責，並透過自己的勞動和事業發展。政府的職責就是維護每個人的

第四章　理性復醒與正義的追尋

權利範圍，不越界干預。這樣的制度不僅簡單高效，而且往往能產生更好的安全、繁榮、平等和尊嚴。

總而言之，在追求社會公平的同時，也要尊重個人的自由和權利，讓每個人都能在合法的框架內自主發展。這樣才能真正實現長期穩定和持久繁榮。

在我們建構的理想社會中，每一個人都可以放心地投入自己擅長的事業，不必擔心受到任何不公正的法律影響。這裡沒有特權和壟斷，所有職業機會對所有人開放，每個人都可以自由發揮自己的才能。政府也能更好地專注於自身的基本職能——防範和打擊不正義行為，而不再過多地干預與之無關的事務。

在這樣的制度下，所有形式的財產都能得到有效保護，不會遭受犯罪分子或法律的侵害。勞動者提供的各種服務也能保持其本來的價值，不會受到苛捐雜稅或政治力量的影響。在這樣一個環境裡，工業必然會快速發展，財富和資本也會高速累積。隨著資本增值帶來的競爭加劇，利率必然會下降，資本在產品中所占份額也會減少。這將使生產數據分散到更廣泛的人群中，消費品價格下降，生活成本降低，為勞動階級獲得獨立自主性奠定基礎。

同時，由於資本的快速累積，薪資必然會相應上升。因為如果資本不投入生產周轉，就不可能產生任何回報。當工人數量固定時，薪資基金越多，用於支付報酬的資金就越多，薪資水準自然就會越高。

總之，在這個以安全保障為基礎的新型社會中，我們將擺脫貧窮和不確定的困擾，獲得真正的自由和自主，讓財富和機會更加公平地分配，社會整體也會更加繁榮穩定。這是一個值得為之奮鬥的美好未來。

在我所描述的理想國家中，維護嚴格的正義就是維護自由與安全的政治制度的必然結果。這種政治制度能夠從兩個方面紓解各階級的痛苦：首先，降低他們的生活成本；其次，提高他們的薪資水準。同時，透過提高勞工的精神層面，使他們的生活狀況得以自然而然地大幅改善。

我們正在逐漸實現物質和精神上的真正平等，這不僅展現在法律面前人人平等，更展現在實際的收入分配和生活品質上的均等。導致這種平等的，正是勞動報酬的增加，乃至資本所占份額的減少。

在這樣的國家中，各國之間的關係也呈現出和平友好的特點。這些國家不需要訴諸武力平衡或複雜的外交手段，因為它們都奉行普遍正義的原則。各國之間的商業往來是自由的，這有助於維護世界和平。因此，軍備支出、軍工廠等都將逐步失去用武之地，取而代之的是更多的生產性勞動，從而推動資本的進一步增長。

在這樣的國家中，政府規模必將縮減到極小，行政管理機構也會精簡到最低限度。政府的主要職責就是維護公民行為的正義性，至於徵稅也非常簡單，只需要按照每個人財產的數

第四章　理性復醒與正義的追尋

量，實行單一稅率即可。這樣既能確保政府財政收支的平衡，又能避免種種複雜的苛捐雜稅，維護人民的自由與財富。

總之，在這樣的國家中，正義、平等與繁榮將是一體的。這是我夢寐以求的理想社會藍圖，相信只要我們堅持不懈地為之奮鬥，終有一天定能實現。

理想國的陰暗面

我在上述書籍草稿中描述了一個理想化的政治制度，看似秩序井然，但實際上也隱藏著許多弊端。

我們首先要清楚意識到，這種政治制度的核心宗旨就是維護正義，而非過多地干預公民的生活。它將公共秩序的維護局限於最低限度，讓公民擁有最大的自主權。然而，一旦這樣的框架被拓展到追求博愛和同情心等更高層面的目標，反而會演變成一場災難。

因為博愛可以表現出無數種形式，法律便不可能窮盡地規範它。立法者一味地對私人領域施加更多的限制，就會帶來巨大的不確定性，妨礙私人活動的自由發展。薪資、工作時間、社會競爭、自私自利等等，都可能因為所謂的「博愛」而被法律所管制。這樣一來，生產活動必然陷入停滯，社會資源的運轉

就會陷入混亂。

同時，為了維護這種全面的博愛，會導致政府不斷加稅，國家財政危機接踵而至。因為要滿足大眾提出的無數訴求，政府會不斷挪用公共資金，最終導致今日的財富一去不復返，而明日的財富也難以為繼。

總之，這種政治制度，看似完美無缺，實則隱含著危險的陷阱。它的根本問題在於，將施行正義之外的目標也強行寄託於法律之上。這不僅會導致社會生產停滯，更將使人民喪失自我發展的動力。只有回歸到維護正義的基本職能，政府才能真正發揮其應有的作用，使社會得以長期穩定繁榮。

博愛精神的高揚固然可嘆，但當其淪為政治工具時，結果卻常淪為一場悲劇。我們看到，當國家竭力代表人民謀求公平與繁榮時，反而導致一個人人都在追求自身利益的局面。各行各業都爭搶國家的優惠政策，國庫沈淪為殺戮者，立法過程也演變為一場占取特權的角力。最弱勢的群眾雖發出最強烈呼聲，卻未必能獲得最多好處，反而使社會矛盾不斷激化，革命一波接一波。

這種可悲的局面，足見源於一種錯誤的法律博愛觀。這種觀念源自人們善意的感情與無私的動機，所以廣受民眾的歡迎。但事實上，它無疑是一種天真的幻想。妄想憑藉法令使人人具備博愛精神，又或是憑藉政府強制力消除人性中的自私自利，這顯然是不切實際的。我們必須承認，自由與正義的制度已然

第四章　理性復醒與正義的追尋

失靈，但以立法活動加強博愛的原則，並非出路所在。

這種期待建立一個由國家全面統籌、照顧每個公民的生活的理想社會，不過是聖西門主義、傅立葉主義等思潮的空想。即使動員組織勞動，發揮國家的慷慨與仁慈，最終也難以拯救社會中普遍存在的痛苦。我們應該坦誠面對，這樣的理想只會帶來更大的災難，導致獨裁的威脅。我們應該謹慎思考，如何在法治的基礎上，維護個人自由，實現公平正義，而非盲目追求一刀切的博愛理想。

我理解人們對社會的善意與正義的追求。但我們必須謹慎地審視，法律是否真的能夠完全實現這些美好的願景。

國家的力量來源於人民，所以理論上它應該能夠為所有人帶來幸福和正義。然而，政府機構本身卻常常是沉重而低效的，反而會消耗大量社會資源而非創造利益。即使出於善意，一味地透過法律強制也可能產生不義的結果。

同樣地，強制統一的教育制度、宗教信仰，看似能達成理想，但實際上卻可能扼殺探索真理的自由，反而固化了錯誤。歷史已經多次證明，當權者或立法者並非永遠無所不知，他們所制定的法律也可能存在偏差或局限性。

因此，我認為我們應當更加尊重多樣性，接受思想和信仰上的自由探索。正義並非非黑即白，單一的標準往往也難以涵蓋全部的真理。一個更加開放、包容的社會，才能為個人創造最大的價值和福祉。

我們應該將法律的界限限定在維護正義和自由之上,而非妄圖操縱人性,強行塑造理想的社會形態。只有透過廣泛的討論、學習和實踐,真理與美好的東西,才能自然地為人所接受。這才是真正的博愛和智慧。

新聞出版自由的價值與局限

　　在新聞出版領域,我們也同樣可以看到多樣性和無政府狀態的存在。有人呼籲建立統一的國家教育體系,但卻沒有要求建立統一的國家新聞出版體系。這種要求是不恰當的,因為新聞報刊正是藉由開放討論而得以維生。

　　新聞出版也是一種教育形式,但其成功與否並不在於國家的統一控制,而是在於言論的自由。要麼國家永遠不會出錯,那麼由國家全面控制人們的思想再好不過;要麼國家也會出錯,那麼國家控制教育而不控制新聞,就毫無道理可言。

　　在對外關係方面,正義而非簡單的博愛原則更為周全和可行。如果為了某些立法者的目標,而犧牲國家的利益和公民的福祉,這種做法無疑是荒謬和徒勞的。正如塞萬提斯所指出的,這種強制性的博愛原則,只能導致永久和普遍的戰爭。

　　更重要的是勞動問題。有人試圖將博愛強行寫進法律條文

第四章　理性復醒與正義的追尋

中,並以刑事手段強迫執行。但博愛的本質在於自願的奉獻和犧牲,而非強制性的付出。如果說無私奉獻也能對行為者有利,那麼就根本不必頒布法令,因為人們自然會做對自己有利的事。這種訴諸法律的做法,只會大大貶低博愛的觀念,使其失去原有的光彩。

因此,我們應該尊重博愛的本質,即由無私情感決定的自願犧牲。如果將博愛強行納入法律,那麼它就變成了非自願的、被強迫的犧牲,與其本質背道而馳。這種強迫他人以利益他人的做法,不是博愛,而是一種不義的掠奪,是最壞的掠奪,因為它是系統的、永久的、無可逃避的。

在資本主義社會中,衝突與矛盾無處不在。有人說,法律應當在富人和窮人、強者與弱者之間保持中立,使得「正義」得以實現。然而,我們必須意識到,在自由競爭的市場中,實際上存在著根本的利益對立。一方面,擁有資本、裝備精良的階級可以憑藉其優勢手段壓榨和剝削那些貧困、無知、飢餓的勞動者。另一方面,社會主義者認為,這種根本利益對立必須透過組織性的、強制性的自我犧牲來消除。

但是,如果人們的利益真的是根本對立的,那麼,我們就必須否定正義、自由和法律之下的平等。我們必須根據各種社會主義方案重建這個世界,以強制性的自我犧牲和有組織的掠奪來取代自私自利的原則。這無疑會引起人們的反感和抵制,因此必須以博愛的名義來掩蓋其真實面目。

相反，如果我們相信上天安排萬物的方式是正確的，那麼在正義的法則之下，人們的利益總會自然地達到和諧。那麼，我們只需要維護法律的正義、自由和平等，讓權利的平等成為實現真正平等的最可靠、最直接的方式。我相信，只要清除每一滴水落下的障礙，最終我們就能看到眼前的大海。

政治經濟學家們透過深思熟慮，得出了一個重要的結論——人們的利益本質上是和諧的。這一發現並非來自他們刻意的探索過程，而是在探索的過程中自然而然浮現的。政治經濟學家為此感到欣喜，因為他們發現，即使有些人試圖透過專斷手段來實現自由，但自由本身卻蘊含著和諧。這種發現實在令人喜出望外。

社會主義者常常咒罵政治經濟學家，但這又何苦呢？如果政治經濟學家真的犯了大錯，他們難道不應該感到痛心嗎？政治經濟學家想要表達的是，經過深思熟慮，他們必須承認上帝創造的一切都是完美的。因此，進步的最大機遇就在於正義和自由。社會主義者有權認為政治經濟學家犯了錯，但至少應該為此感到悲傷，因為這意味著必須用人為的、專制的、偶然的東西來取代自然的、自由的、神聖的東西。

如果一位化學教授宣稱空氣已經不適合人類呼吸，必須採用他發明的人工呼吸機，而另一位教授則指出，上帝的設計是和諧的，人類仍可自然呼吸，那麼前者對後者咒罵是多麼可笑！這就是社會主義者與政治經濟學家的爭吵本質。兩者都渴

第四章　理性復醒與正義的追尋

望和諧，不同之處在於，社會主義者試圖透過人為的法律手段實現這一目標，而政治經濟學家則在人性與萬物的本質中看到了和諧。

當然，要完整地論證人們利益趨於和諧的趨勢需要一門政治經濟學課程。在此，我只想指出，政治經濟學能得出這一洞見，是因為它沒有像社會主義者那樣停留在對現象的直接因果關係上，而是更進一步探索這些現象的長遠和終極效應。這正是政治經濟學的全部奧祕所在。如果社會主義者願意耐心地研究競爭對消費者最終的利益，他們就會發現競爭是國內外平等與進步的最強大推動力。這就是政治經濟學為何說：應該多學少做。

我曾經與一位在大革命中被推到臺前的顯赫紳士討論這個問題。我對他說：「對於靠暴力手段維持的法律，我們所能要求的，唯有正義。」他認為，人民除此之外還希望法律能給予人們博愛。去年 8 月，他寫信給我：「如果在危機時刻，我能處於掌舵的位置，那麼，你的觀念將成為我的信條的一半。」我回覆他說：「你的信條的另一半會扼殺這一半，因為你如果因為博愛而立法，那麼，你的立法就不可能不是不義的。」

我想進一步對社會主義者說：如果你們以為，政治經濟學拒絕合作、組織、博愛，那你們就錯了。合作！難道你們不知道，社會本身就是個聯合體，不停地自我完善著？組織！你們難道不知道，正是組織造成了不同人群之間和上帝的傑作之

間的一切分歧？博愛！你們難道不知道，如果對內心熱烈的衝動從心智上予以冷靜的算計，那麼，博愛不就等於正義嗎？我們跟你們是一致的。我們為你們在人類中間撒播一種將來會結出果實的種子而拍手叫好。但當你們要用法律和賦稅，也即強制和掠奪干涉的時候，我們就要反對你們；因為這種訴諸暴力的想法本身就顯示了，你們更相信自己而不相信人類，除此之外，你們的作為也足以令我們看清，你們是想損害自然本身，傷害你們想努力實現的博愛本身。

　　我親眼目睹過一位善良的牧師，為了能照顧一位身患癌症的修女，每天都在假裝熱衷於打牌，因為他害怕修女知道自己的病情。這位牧師度過了15年如此艱難的生活，真是可嘆。但我相信，如果他從事商業，恐怕也會像其他誠實的商人一樣，在分量、尺寸、品質、價格等方面捍衛自己的利益，而不會將慈善與博愛混進生意買賣中。因此，我們應該把最近加在博愛這個詞上面的各種錯誤、幼稚、雄辯的含義剔除掉。

第四章　理性復醒與正義的追尋

第五章

國家

第五章　國家

　　人們或許生活在掠奪、仁慈或正義主宰的世界中，政府的權力有其正當界限。一個簡單明確的「國家」定義，恐怕難求，畢竟國家如費加羅一般，不知該聽誰的，也不知該幹什麼。人們七嘴八舌，各有建議：有人要求國家組織管理勞動，杜絕自私；有人要求限制資本，進行各種事業；有人要求解放民族，培養文化藝術；人們還要求國家減稅，取消各種徵稅。

　　然而，這些要求彼此矛盾，讓國家束手無策。國家卻反過來懇求人們，稱自己已準備開徵新稅：「人們會很樂意掏錢的。」但這更招來了怒罵，人們質問國家何資配稱國家之名。在人們的渴望與國家的無能之間，似乎只能召喚出更多革命。

　　人們對理想國家的追求都有道理，但彼此矛盾。他嘆息自己如此直言不諱，恐怕只會造就自己的惡名，被認定為冷酷無情的哲學家、個人主義者。但他仍不放棄思考，希望能找到一個既能滿足人們需求，又不會招致矛盾的國家理想。這或許是一條漫長而艱難的探索之路，但終會找到合適的國家定義和責任，實現理想國家。

　　人類的欲望是無窮無盡的，我們總渴望一個可以滿足我們一切需求的理想之國。然而，這樣的國家從來就不可能存在。我們忘記了，社會與國家的運作，需要人性中的平衡與約束。人人都想享受而不勞而獲，卻往往忽視了為之付出的代價。

　　我們指責作家們自相矛盾，但其實我們自己才是最大的自相矛盾者。我們希望國家能完全照顧我們，但又不願意為之付

出。我們希望無窮無盡的財富,卻又不願意勤奮工作。我們要求國家解決一切問題,卻忘記了人性中的局限性。

歷史告訴我們,奴隸制已經消亡,但人性深層的欲望卻依舊存在。我們把痛苦推給他人,把享樂留給自己。我們想方設法從別人手中掠奪財富,卻又渴望國家來保護我們,不讓我們遭受危險。

這個矛盾永不休止,因為它根植於人性之中。我們要接受現實:任何完美的國家都是一個幻想,因為它忽視了人性中的局限性。我們應該學會自制,以同理心看待他人,共同建設一個更加公平正義的社會。這需要我們每個人的付出和努力,但最終,這將是一個更加美好的世界。

國家的虛構與真實

我深信每個人都渴望透過國家來維持自己的生活,但這其中蘊含了一種扭曲的邏輯。國家被視為一個龐大的虛構實體,人們期望透過它來獲取他人的勞動成果,但實際上這種做法卻是在犧牲他人的利益。

歷史上任何時代,我們都無法逃脫這種被「國家」所誘惑的陰影。人們總是企圖以其他人的代價來維護自己的生活。即使

第五章　國家

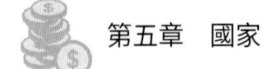

在今天,這種感情也仍然存在,只是被小心地隱藏了起來。大家都指望「國家」能夠光明正大地為自己分取公共的資源,並將其再次分配給自己。可是,這個由官僚和權貴組成的「國家」明白了這一點,它將成為所有人命運的仲裁者和主宰者,拿走更多資源並占為己有。

令人灰心的是,大眾對此渾然不知。我們沉浸在一個大神話之中,以為國家能夠提高全體公民的道德、教化和福利。然而,這不過是一種被誘惑著享受他人之物的怪誕幻想而已。我們習慣於將國家擬人化,視之為父母般的存在,但事實上,在國家與公民之間並不存在這種親密的關係。

我們必須清楚意識到,所謂的「國家」不過是一個虛構的概念,它的存在不是為了造福人民,而是為了滿足統治階層的私利。只有真正意識到這一點,我們才能夠主動地去挑戰和重塑這個虛構的實體,使之真正為人民服務,實現公平正義。

法國人建立共和政體的初衷是為了提升全體公民的道德水準、提供更佳的教化與福利。然而,單憑將主語和賓語隨意置換,依然無法賦予一個命題以真正的深度與意義。一個簡單的例子就是,「母親將哺育嬰兒」與「嬰兒將哺育母親」所傳達的意義南轅北轍。

美國憲法開宗明義,則是闡述了人民自身的意志和力量,沒有將國家神化為高高在上的抽象存在。相反,他們依賴自己,而非祈求國家的施惠。我批評我們憲法開頭的初衷,並非出於

某種形而上學的炫耀，而是認為將國家擬人化往往成為災難與革命的根源。

人民與國家被視為兩個截然不同的實體，前者有權要求後者給予各種利益與福利。但事實上，國家只有掠奪的手，沒有恩賜的手。它從人民手中拿走一部分，甚至全部，但很少將更多回饋給人民。因此，當我們向國家索取時，不過是在自欺欺人，把自己等同於乞丐。

究其根源，這種期望和承諾的矛盾正是歷次革命的禍源所在。一方面，國家不可能無限大方地滿足人民的需求；另一方面，人民又抱有不切實際的期望。兩者之間，必然有野心家和烏托邦分子趁機煽風點火，挑撥人心。

這一循環似乎難以打破，但追求公共利益的道路永不停息。我們必須直視現實，反思自己的期望，建立理性而富同情心的公民意識。只有這樣，才能在國家與人民之間架起雙向的理解之橋，共同創造一個更加繁榮、公正的社會。

新建立的共和國面臨著巨大的挑戰。人民高昂的期望與政府的有限能力之間存在著難以調和的矛盾。即便政府許下了各種美好的承諾，也無法完全兌現。當人民要求工作、救濟、教育、減稅等諸多福利時，政府在財政和能力上都無法一一滿足。

這種矛盾必然導致政府採取強硬手段，試圖壓制異議和維護自己的權力。政治煽動家也往往利用同樣的手法，煽動民眾的幻想，最終也淪為被同一個深淵所吞沒的結局。

第五章　國家

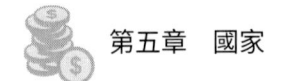

　　我們正目睹著這樣的道路。人們期望政府能夠慷慨施捨，但政府只能作出一些象徵性的妥協，並迫於現實加強徵稅。而這必將引發民眾的失望和反彈，潛藏著新一輪政治動盪的風險。

　　政治煽動家的宣言無疑也是在煽風點火。他們提出的各種誘人的承諾，如免費教育、社會福利、工業化等，看似慷慨，但實際上往往與政府的財政和管理能力背道而馳。這種虛幻的承諾只能加深民眾的幻想，最終導向失望和動盪。

　　就如同歷史上的許多革命，人民相信了，燃起了希望，但最終政權的更迭未能真正實現人民的夢想。我們正沿著這條道路走向進一步的倒退，新政府恐怕也難以擺脫這一宿命。

國家如何才能做到兼顧公共利益與個人自由？

　　在面對人們對政府提出各種要求的同時，政府如何才能在提供公共服務與保障公民權利之間找到平衡？這是一個長久以來困擾社會的難題。

　　我們必須審慎地考慮不同政治制度的利弊。一方面，我們希望政府能夠為人民提供更多的公共服務和福利，但另一方面，我們也擔心這樣會導致政府對人民施加過度控制，侵犯個

人自由。

　　事實上,無論是偏向政府大權或者偏向個人自由的政治制度,都存在著一些缺陷。一味地擴大政府權力,可能會導致暴政和對大眾的壓榨;而過度強調個人自由,也可能會造成社會秩序的崩解,引發無休止的互相侵害。

　　我們應該尋求一種兼顧公共利益與個人自由的政體。這需要政府在提供公共服務和保護個人權利之間精心平衡,不能偏離中道。國家的角色不應是用暴力手段來剝奪人民的自由和財產,而是成為維護正義、安全和秩序的公共警察力量。只有這樣,人民才能真正擁有幸福與安康。

　　政府與人民之間的關係是一個複雜的話題,需要我們持續關注和思考。我們必須從歷史經驗中汲取智慧,進一步探討如何建立一個既能夠保障公共利益,又能尊重個人自由的理想政體。只有這樣,我們才能真正走向和諧與繁榮。

第五章　國家

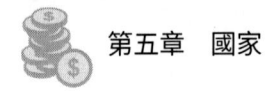

第六章
財產權與掠奪

第六章　財產權與掠奪

▌新的財產秩序

在十九世紀的法國，國民公會面臨著一個棘手的難題——如何平衡工人的就業權和財產所有者的權利。一些政治理論家，如布朗基、孔西代朗和普魯東，提出了激進的主張，主張要全面否定財產權，並以就業權取而代之。他們認為，財產權是不公正和有害的，應該被徹底消除。

作為一名經濟學家，我決定介入這場論爭，為財產權辯護。我相信，財產權本質上是正當和民主的，而試圖否定或侵犯財產權的人，其立場反而帶有貴族化和無政府主義的色彩。

我首先概括了這些政治理論家對財產權的批評。他們認為，每個人都應該擁有自己勞動所得的成果，但地主卻占有了自然資源和初始資本，這是一種不公正的侵占行為。他們主張，作為整體的人類擁有地球表面的使用收益權，而不應該被少數人所獨占。

我希望透過這次論辯，不僅可以為財產權辯護，也能夠調和不同學派之間的分歧，找到一條新的財產秩序。我將在接下來的篇章中，深入剖析財產權的本質和合理性，並提出自己的見解。我相信，只有建立在正義基礎之上的財產制度，才能促進社會的繁榮與安定。

這番話道出了財產權問題的核心所在。自然資源的使用權

利應該歸屬於全體人類，而不應被少數人所壟斷。同時，人類透過自身的勞動也創造了財富，這樣的勞動成果理應由勞動者享有。

我們必須審慎看待財產權問題。一方面，私有財產權是社會進步的基礎，激勵人們透過自己的勤勞創造財富。另一方面，如果自然資源的使用權完全被少數人所壟斷，且勞動所得完全被剝奪，那麼就會導致嚴重的社會不公平，阻礙社會的發展。

因此，我們應該尋求一種平衡，既保護私人財產權，又確保自然資源的使用權利能夠惠及全體人類，並且勞動所得能充分歸屬於勞動者。這需要透過制度安排來實現，比如適當的稅收分配、基本收入保障等。

只有在自然與人力的價值都得到公平回報的情況下，人類社會才能實現真正的和諧發展。這需要我們用更開放、更包容的心態看待財產權問題，尋求人性化的制度創新。只有這樣，才能最終化解財產權之爭，實現人與自然、人與人之間的平衡共融。

第六章　財產權與掠奪

▌社會正義與地租的論辯

在探討地租問題的過程中，我們不能忽視其背後的社會正義議題。顯然，這個問題的關鍵在於地租的正當性，因為消費者是否應該向地主支付全部或部分的地租報酬，這一點一直存在爭議。

許多重要的經濟學家都曾對此提出自己的看法。亞當‧斯密認為，地租通常是用於土地改良的資本利息，但也不過是地租的一部分而已。麥庫洛奇則指出，地租是為使用自然賦予的土地肥力所支付的報酬，是一種壟斷性質的收益。布坎南更進一步指出，地租是落入地主口袋的消費者收入一部分。而李嘉圖將地租分為兩部分，一部分是改良土地的資本利息，另一部分則是為利用原始的、不可毀壞的地力所支付的報酬。

斯克洛佩則認為，土地的價值和地租能力源於兩個因素：自然能力的利用，以及用於改良土地的勞動。在前一種關係中，地租是一種獨占的權利，限制了上帝賜予人類的自然資源使用收益。這種限制只有在為了公共利益需要時才是正當的。塞涅爾也指出，剩餘地租之所以被自然因素的所有者占有，並非因為他付出了勞動或儲蓄，而僅僅是因為社會允許其獲得自然賜予的收益。

我相信，如果我能夠證明地主不僅占有了自然資源的免費

收益,而且還將其大量提高,那麼這個問題就能得到公平合理的解決。我希望透過這種論證,能夠調和各個學派對問題的理解,滿足政治經濟學家、社會主義者乃至共產主義者的要求,形成一種清晰的社會正義觀點。

經濟學的邏輯理論如何詮釋人類創造效用的過程,一直是個值得深思的議題。經濟學家過度強調自然力量的價值貢獻,忽視了人類勞動的基本作用,這種偏頗的見解不免會引起社會主義者的批評。

交換中唯有人類勞動才具有真正的價值,而自然資源本身並不應構成價值的計算。即使某種自然產物在效用中占很大比重,但在價值的形成中也不應被列入。這是因為自然恩賜是流通於所有人的,每個人都可以利用它們,因此不應成為某個人或某些群體獨享的權利。

經濟學家過於精確的語言運用也有可能淪為可笑,就如同天文學家不願意用通俗的語言來形容美麗的日落景色。經濟學應回歸理性的分析路徑,重視人類勞動在創造效用中的基本地位,避免陷入過於抽象化的修辭陷阱。只有如此,經濟學理論才能真正反映人類社會的執行規律,為改造世界提供切實可行的依據。

自然資源的價值來自於人類勞動,而非資源本身的固有屬性。水這個例子很好地說明了這一點。水本身沒有任何價值,因為大自然將其無償提供給我們。但是一旦涉及我們需要付出

第六章　財產權與掠奪

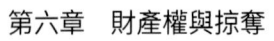

勞動去取得和運用水資源，這種勞動就成為水價值的泉源。

如果我們腳下就有湧泉，那麼水就沒有任何價值，因為我們不需要付出任何勞動就能取得。但是如果泉眼在一英哩外，我們必須走過去取水，這就需要付出勞動，水的價值也因此而產生。同理，如果泉眼在更遠的地方，我們需要付出更多勞動，水的價值也會相應增加，儘管水本身的效用並未改變。

因此，經濟學的核心原理之一就是，價值源於勞動，而非物品本身的屬性。我們說「水值兩個蘇」，這其實是一種轉喻，我們真正指的是完成取水這個勞動任務的價值，而不是水本身的價值。

同樣的道理也適用於空氣。空氣是自然賜予的，沒有交換價值，但卻有使用價值。只有當我們需要付出額外勞動才能獲得空氣時，例如潛水時需要使用設備，這些勞動才會成為空氣價值的基礎。

如果某一資源涉及勞動就有價值，反之沒有勞動則無價值。這一原則貫穿於整個經濟學體系，展現了經濟活動的本質就是利用有限的人力物力資源來滿足無限的需求。資源本身的價值取決於人類的勞動投入。

農業生產中的自然資源與勞動價值

　　自然資源的使用並不應該被作為生產過程中附加價值的因素。像空氣、水和光熱這些自然資源，雖然農民和其他人都在使用，但它們本身並沒有創造任何價值，價值的根源在於人的勞動。

　　就好像一個在荒地上開墾土地的野蠻人，他所做的並沒有侵害到整個社群的權利，也沒有損害社會的利益。因為他開墾的土地只是整個島嶼中極小的一部分，對他人的狩獵活動沒有造成太大影響，反而可以透過他的生產來交換，從而增加了社會的整體福祉。

　　儘管製造商或商人利用了自然力量如空氣、風力或水流等，但他們都沒有要求為這些自然資源的使用而支付費用。因為這些自然資源本身是上天賜予全人類的，只要付出勞動，任何人都可以自由地利用它們，而不應該為此而支付額外的成本。

　　同樣地，在農業生產中，農民所使用的自然資源也不應成為其產品價值的一部分。價值的根源在於農民的勞動，而不在於他們使用的那些無償的自然資源。這對於理解使用價值與交換價值，或是物質產品與非物質產品的區分都有重要的啟示。

　　只有透過人的勞動，無論是製造業還是服務業，才能創造出真正的價值。因此，我們不應該將商人等仲介者視為寄生性

第六章　財產權與掠奪

的，而應該意識到他們同樣提供了勞務，創造了價值。這是值得我們深思的觀點。

在這個社會中，生產者並不是在強迫別人的同意下與他們交換。每個人都有自由選擇是否參與交換的權利。同樣地，生產者也無須為了利用大自然的資源而向他人收費。因為每個人都可以平等地使用這些免費的生產資源，如土地、陽光和雨水。

如果生產者想出售他們的土地，他們獲得的報酬也只是他們勞動的等價物而已。假如有人要求除了補償勞動成本外，還要得到土地本身的價值，別人則會回答：「在這個島上還有很多未開墾的土地，你可以自由取用。我只會支付你的勞動成本，因為如果我自己開墾土地，也能得到同樣的結果。」同樣地，如果水供應工人要求除了勞務費之外，還要收取水的費用，答覆也會是一樣的。

土地和水都具有效用，但並不具有價值。生產者出租土地所獲得的租金，也只是他們勞動的另一種形式的報償而已。如果他們要求更多的報酬，別人很可能會回答：「在這個島上還有土地可用。」

隨著人口的增長和土地的開墾，每個人都更容易獲得原材料、供應和勞動。地主不可能把自己置於工人更有利的地位，因為土地供應充足，只要農業比其他行業更有利可圖，每個人都可以選擇進入農業。這種自由可以維持勞務的等價交換，也確保了大自然力量的利用造福於廣大消費者。

无论是捕鲸还是开垦，交换的对象都是双方的劳务，而不是土地或海洋本身的价值。即使大自然对某一生产者更加优厚，那也只能造福于消费者，而不会成为生产者的额外利润。这正充分证明了，虽然生产者利用了大自然的馈赠，但消费者无需为此支付任何费用，他们只需支付生产者的劳动成本。

劳动和交换的自由是人类社会维持公平正义的关键所在。只有当每个人都拥有自由操控自己劳动成果的权利时，社会才能避免出现压迫和剥削。否则，不管是土地所有权还是其他资源的掌控，都可能成为某些人获取特权的工具。

就如书中所述，如果地主能够禁止开垦新的土地，他们就能够单方面制定交换条件，剥夺他人的选择权。但是，只要在世界范围内保持自由交换，任何人都能凭借自身劳动的成果与他人进行公平交易，地主就无法滥用特权，劳务的价值也会因此受到约束。

无地者要争取的权利，不是单纯的土地所有权，而是自己劳动成果的自由支配权。这种真正意义上的就业权利，不仅包括在本土的自由，更要扩展到全球范围的自由交换。只有建立在自由基础之上的劳务交换，才能真正实现社会公平正义，消除压迫和剥削的现象。

因此，我们必须坚持追求这种自由，同时拒绝任何企图借助立法手段人为限制交换自由的做法。只有在这样的前提下，土地财产权才不会成为特权，而只是人们对自身劳动成果的一

第六章　財產權與掠奪

種合理擁有。這就是我們應該追求的平等機會和正義社會的基礎。

人類勞動與大自然的合作

人類賴以生存的效用，源自於人類勞動與大自然的合作。當我們看著勤勞的農夫彎腰耕作，用汗水澆灌大地時，我們無法否認他的勞動對生產活動的貢獻。然而，大自然的力量同樣功不可沒。陽光、風力、雨水，以及植物生長的神奇力量，在農夫休息時也在為人類的收穫而忙碌。這種人與自然的合作，形成了我們賴以生存的效用。

事實上，不僅是農業，其他行業中同樣如此。在人與人之間的交換中，唯一可以相互比較和衡量的，就是人的勞動。這些勞務是可以得到報酬的，價值也存在於其中。我們可以說，人本質上只是自己勞動的所有者。至於大自然的貢獻，儘管可能比人類勞動更大更重要，但它們是無償的恩賜，不具備可以衡量的價值。

然而，社會的進步正在持續改變人與自然的關係。自然的貢獻越來越多地替代了人類的勞動。例如，運送東西從背負到使用雪橇、推車、鐵路，每一次技術進步都減少了人力的需

求。這意味著，需要支付報酬的勞務越來越少，而無償的自然恩賜所占比重越來越大。這種勝利不屬於那些出讓勞務的人，而屬於全人類，因為我們都可以享受到大自然的無償餽贈。

我們都知道，在印刷術發明之前，擁有一本《聖經》可謂奢侈品。抄寫員需要耗費一年以上的時間才能完成一本《聖經》的抄寫，因此價格昂貴，普通百姓很難擁有。而如今，人們只需花5法郎就能買到一本《聖經》，這要歸功於印刷術的進步。這意味著，大自然的力量替代了人類勞動中的絕大部分，使得這件產品變得更加便宜，人們可以更容易地獲得。

這種現象折射出了一個重要的道理：每一件工具、器具、機器的出現，都使人類勞動在產品價值構成中的比重降低了。也就是說，自然力量的貢獻越來越多地替代了人類勞動。這些自然力量是不需要付費的，因而屬於所有人共同擁有的範圍。而剩下的那一部分人工勞動，才是私有財產的基礎。

這一理論不僅能夠滿足經濟學家的自由放任理念，也符合平等主義者互惠勞務的要求，契合了聖西門主義的按需分配原則，以及社會主義和共產主義對於資本、天賦和勞動公平分配的訴求。

也就是說，只要我們堅持以自由為基礎，保護個人的財產權和勞動報酬，同時讓自然力量的貢獻成為免費和共有，這就能達成各種思想流派對於財產權和自由的共識。

我相信，這種從勞動與自然力量的角度出發的理論，能為

第六章　財產權與掠奪

我們提供一個新的視角，去理解和協調複雜的財產權和自由問題。在這個日益強調自由和公平的時代，這或許是一個值得進一步探討的思路。

在平等主義者們眼中，他們所渴望的勞務互換，恰恰是私人所有權制度的結果。毋庸置疑，每個人都是自己所擁有之一切及其所包含效用的所有者。實際上，每個人僅僅是自己勞動價值的所有者，即自己勞動所提供之效用的所有者，因為在出售勞動時，只有自己付出的勞務才能獲得報酬。

平等主義者們近來猛烈抨擊財產權，但只針對他們所謂的高利貸、土地、房屋、信貸等。然而，這些高利貸必然源於勞動，獲得某項勞務意味著必須出讓等量的勞務，這就是勞務互換的本質。我把自己艱苦生產的物品借予他人，就是將某項勞務轉讓給借方，那麼，他就有義務償還我同等的勞務。如果到年底歸還，他無需額外補償，因為在這一年中他獲得了我勞動成果的好處。

假如平等主義者們確信他們所闡述的理論是真理，若他們注重邏輯連貫性，那麼他們應該加入我們的行列，竭力捍衛財產權，並要求實現財產權的基礎──自由。聖西門主義的「按能分配」理想，只能在私人所有制下實現。我們互相出讓勞務以實現互惠，但這些勞務並不完全與我們勞動時間和強度成正比。勞務難以用測力計或計時器來衡量，重要的是我節省了他人的勞動。

為了節省勞動和時間，我利用大自然的力量，在同等時間內我出讓的勞務多於他人，因此能獲得更高報酬，這就是「按能分配」的展現。但是，我的技術很快被模仿，競爭迫使我降低要價，產品價格下跌至正常水準。大自然的力量並未消失，反而惠及全人類，人們只需付出較少勞動即可獲得同樣滿足。這就是聖西門主義的本質 —— 根據每個人的產出來確定其能力，這就是勞動價值與財產權平等的邏輯所在。

私有財產權與社會平等

　　私人財產權並非導致社會不平等的癥結所在。相反，它正是實現真正平等的基礎。

　　社會主義者通常認為，只有透過公平地分配財富和資源，才能實現社會公平。但他們忽視了一個關鍵因素 —— 財富的創造過程。

　　在使用自然資源和生產工具時，確實存在兩種力量：勞動和自然資源。勞動付出的部分理應獲得報酬，而自然資源本身是免費的，屬於人人共有。隨著科技進步，自然資源所貢獻的部分越來越多，而勞動所占比例越來越少。這意味著，人類共有的部分正在逐漸擴大，個人所有的部分在逐步減少。

第六章　財產權與掠奪

　　財產權讓個人可以自由支配自己的勞動成果，並透過自願交換的方式，將其換取他人的勞動成果。這種分配機制是公平的，因為報酬與個人出讓的勞務成正比。唯一不平等的是，由於個人努力程度的差異，而導致的合理收入差距。但這種差距才是應該存在的，因為它激勵人們努力工作，推動社會進步。

　　相比之下，剝奪私有財產權，強行平均分配財富，不僅無法解決貧富懸殊問題，反而會抑制人們的創造力和工作動力，最終導致社會經濟的全面衰落。

　　因此，我們應該擁護和完善私有財產制度，讓每個人都可以自由地創造和享有財富，逐步實現真正的社會公平。

　　人類社會中存在著兩種截然不同的力量：財產權和掠奪。前者是社會進步的驅動力量，後者卻是社會苦難的根源。財產權推動勞動，形成了社會財富的創造，但與此同時，掠奪的行為也給這個世界帶來了形形色色的不正義。

　　我們必須正視這兩股力量之間的矛盾。財產權代表了人類善良的天性，推動社會前進；而掠奪卻是人性中自私自利的一面，給社會帶來了種種不公。問題在於，這種掠奪的形式往往隱藏在合法的法律體系之內，甚至得到了社會的默許。

　　這種大規模的掠奪行為不僅導致財富在社會中的分配失衡，阻礙了自由推進的社會趨於平等的趨勢，更使整個社會陷入了貧困和罪惡之中。我們不能只是簡單地懲治個人的盜竊行為，而忽視了體制內部存在的更加深層且蔓延更廣的掠奪現象。

因此，我們必須正視這種合法掠奪的存在，徹底根治社會中的不公正因素。只有透過實現普遍的正義，才能真正把握住人性中善良的一面，最終達成財產權和掠奪之間的平衡，讓社會趨於公平公正。這是政治經濟學家所要追求的目標，也是我們所有人應該共同努力實現的。

戰爭對於古代人而言意味著什麼呢？有些群體為了獲取生存必需品而不願發展自身的勞動生產能力，反而選擇聯合起來用武力去掠奪他人的財富。這些勝利者不僅得到了戰利品，還得到了榮譽和崇敬。這種觀念和制度的存在，無可避免地造成了許多人間的磨難和不平等。

後來，掠奪者開始改進自己的手段。他們逐漸意識到，將被征服者完全消滅並不利於持續掠奪，而是應該保留他們並控制他們，如此可以一直不斷地掠奪。於是，奴隸制的出現將掠奪推到了極致——掠奪了被征服者的一切，不僅是他們現有的財物，還有他們未來的勞動力、生產能力乃至整個人格。這種悲慘的社會狀況在雅典、斯巴達、羅馬等地尤為明顯。

後來，縱使私有財產制度建立了，但也無法根治由戰爭和掠奪造成的社會不平等。長期以來，宗教權威也被濫用於掠奪。即便得到了被掠奪者的同意，這也只是扭曲了人們的判斷力。

即使我們現在建立了財產權作為自由的唯一表現，也仍然需要時日才能完全清除這些歷史遺留下的不平等。我們看到，

第六章　財產權與掠奪

在這個時代的歐洲，仍有一半地方處於農奴制，常備軍也威脅著各國領土；各國沉重的債務負擔，以及維持殖民地和奴隸貿易等，都是我們昔日愚蠢行徑的代價。要消除這些積存已久的弊端，恐怕還需要很長的時間和艱辛的努力。

以正義與自由創造平等的新秩序

過去的不公平遺產一直牽制著我們的進步，但我們不能放棄努力。要建立真正的社會公平，關鍵在於實現勞務的等價交換。只有當事人具備明晰的判斷力和自由的交換條件，勞務的等價交換原則才能真正確立。

我們必須審視當下所出現的新弊端。種種行業準入限制，讓已獲準的從業者能肆意抬高價格，甚至單單擁有執照本身也有很大價值，這顯然扭曲了勞務的等價交換。政府對一些必需品徵收關稅，企圖人為操控價格，同樣嚴重侵害了人民的勞動和生產成果。這些都是對正義和平等的踐踏。

我們應該允許任何人自由從事所長，不應要求必須取得複雜的執照。同時，也不應對必需品實施關稅管控。相反，我們應鼓勵人們為出口而工作，從國外進口糧食，讓工人能以自己的勞動自由交換生活所需。

唯有在人人可憑自己的實力自由交換勞務的條件下，正義和平等的新秩序才能真正確立。我們必須克服歷史遺留下來的不平等，消除一切暴力和欺騙，確保勞務的等價交換，實現保護財產權這一民主平等的目標。只有這樣，我們才能在新秩序的地平線上看到一個更加美好的未來。

稅收已然成為某種可以賺取利益的一種方式。我們知道，政府工作職位數量不斷增長，但想要進入政府工作的申請者遠遠超出了職位的增長速度。那麼，這些申請者中，有多少人會去思考自己提供的公共勞務是否能夠等同於自己所期望得到的報酬呢？這種災難的根源到底何時才能走到盡頭？

我們觀察到，公共輿論已然期望所有事情都由這個虛構的東西——由無數領薪的官僚組成的國家——來完成。這無疑是一種追求。曾經我們認為每個人都有能力治理國家，如今卻宣稱他們沒有能力自我治理。很快，每個法國人都會有兩三位官僚為其服務，其中一位專門阻礙他過於辛勤地工作，另一位則提供教育，第三位負責提供信貸，第四位則插手他的生意等。

我們有一種幻想，就是認為國家是一個擁有無窮無盡財富的東西，毋須占用我們的財富。這種幻想將會將我們引向何方？人們已經意識到政府機構需要花費金錢，但他們尚未意識到這種負擔最終一定會落在自己身上。他們相信，透過將部分稅收轉移到富人身上，自己的負擔能夠得到緩解。這實在是一種致命的幻想！

第六章　財產權與掠奪

　　毫無疑問，稅務官可以選擇性地苛扣某些人而放過其他人。但是，納稅之後，事情並未就此結束。稅收會影響各種勞務的相對價值，最終這些負擔必然由所有人，包括窮人，共同承擔。因此，這些負擔並非僅僅打擊一個階層，而是透過利益共同體將所有人連繫在一起，影響所有人的利益。

　　那麼，現在是否有任何跡象表明我們已經看到了稅負降低的曙光？讓我直言，我相信我們正在走向一條死胡同。在這裡，最溫柔、最狡猾、最有獨創性的掠奪正大步逼近，其嚴重程度超乎我們的想像。我們將目睹掠奪是如何在國家的名義下進行的：公民作為一個集體被視為一種真實存在的東西，具有自己的生命和財富，於是每個人都對這個虛構的東西需索無度。

　　最終，唯一的結果就是財力的極大消耗，以及勞務的等價交換受到徹底破壞，因為每個人都想從國庫中索取盡可能多的東西，而給予的卻越來越少。換言之，國庫將遭受到徹底的掠奪。這種惡性循環將一直持續下去，直到我們徹底認清其中的危機。

　　現代社會中各界層都期望從國家那裡獲得優惠待遇和各種補貼援助。這種普遍的要求在相當程度上受到了錯誤觀念的影響，即人們普遍相信國家是萬能的，只要能獲得國家的優惠政策和回饋，就能過上更好的生活。然而事實並非如此，這不僅增加了國家的財政負擔，也違背了自由和公平的基本原則。

　　真正實現社會公平的關鍵在於保護個人的財產權和自由，

而非過度依賴國家的干預和扶持。只有當資本持續增長，產品價格下降，薪資水準提高時，勞工的生活才能真正得到改善。相反，過度依賴國家的政策，不僅無法解決問題，反而可能引發更多社會矛盾和衝突，損害整個社會的發展。

同時，勞工階層自身也開始要求參與資本的掠奪和占有。這種做法同樣是錯誤的，因為真正實現勞工解放的道路，在於保護資本的增長，而非破壞和攻擊它。

我們應在自由、公平、資本與勞工的關係上找到一個平衡點，透過保護個人財產權和自由，促進資本持續健康發展，最終達成社會各界的利益均衡和共同繁榮。這個思路值得我們深入思考和探討。

人性主義與權利辯護

親愛的讀者，

我在此必須誠摯地向巴斯夏先生道歉，我之前對其評論中存在誤解與不當之處。我原本並未有意歪曲先生的觀點，而只是想表達自己的想法。然而，我意識到將自己的想法強加於他人之上是不恰當的。我應該直接回應先生具體提出的觀點，而非將他人的觀點歸咎於我。

第六章　財產權與掠奪

在先前的文章中，我並未反對地租制度，而是主張人人都應擁有工作權，以利用自身勞動獲得生存所需。我從未說過「自然的活動……應當是免費的」，或是「構成了對人類權利的侵犯」等類似的言論。這些思想與我的理論背道而馳，我無法認同。我只是想爭取那些無財產者也能夠參與生產，並憑藉自己的勞動養活家庭。

我深知，在論戰中，將對手的言論歪曲或簡化，然後加以批評，是一種常見的取勝之道。但我不願採取這種方式，而是希望以公正、坦誠的態度表達自己的觀點。我只對自己實際說過的話負責，不會對別人說過的話承擔責任。

我衷心地希望，在這個涉及如此重要、深刻議題的討論中，編輯先生能夠公正地給予我表述自己觀點的機會。我相信，透過開誠布公的交流，我們定能達成共識，為人類權利的實現作出應有貢獻。

V. 孔西代朗

1848 年 7 月 24 日於巴黎

在所有文明國家現有的財產權制度下，人類完整地行使其使用收益權的共同基礎已經遭到侵害；它已被少數人侵占，而多數人被排除在外。這種剝奪本身就構成對人類權利的某種侵害，由此獲得正當性的私有財產權制度也將是不公正的、不合法的。

孔西代朗先生提出，每個人正當地擁有他的勞動、他的才

智或更概括地說他的勤勞所生產的東西,這就是財產權的基本原則。在他的想像中,在孤島上開墾土地的第一代人,所創造的財產可以分為兩類:一是透過自己的勞動生產出的產品,這些完全屬於創造者的合法財產;二是對土地本身增加的價值,這也是創造者透過勞動創造的,同樣屬於他們的合法財產。

然而,當第二代人來到這片土地時,他們會看到兩類土地資本:一是原始的或自然資本,即土地未開墾時的價值;二是第一代人創造的資本,包括他們的勞動產品和附加在土地上的價值。根據財產權的基本原則,第二代人對原始土地資本擁有平等的權利,但對第一代人創造的資本則沒有任何權利,這些都屬於第一代人可以自由處置的合法財產。

我們可以看到,孔西代朗先生認為,個人透過自己的勤勞創造的財富是合法的私有財產,這是由於每個人對自己的勞動成果都擁有正當的所有權。這就為現有的私有財產制度提供了道德和法律上的正當性基礎。

在人類社會的發展過程中,不同階段出現了兩種截然不同的資本:一種是自然資本,即原始的自然財富;另一種則是人類創造的人工資本,多數由財產繼承者所擁有。這種不平等的資本擁有狀況,導致了財產權制度的失衡和不正義。

孔西代朗先生認為,在原始社會中,每個人都擁有四種自然權利:狩獵、捕魚、採集食物和放牧。這些都是人類最初的基本生存權利。然而,在工業文明社會中,這些權利卻被徹

第六章　財產權與掠奪

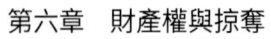

底剝奪，無產階級失去了在大自然中隨意活動的自由。為了彌補這一缺失，孔西代朗提出，應當賦予每個人「就業權」作為補償，使他們能夠在工業環境下，透過自己的勞動獲得生存所需。這樣，財產權的正當性，就需要建立在保障無產者就業權利的基礎之上。

孔西代朗認為，只有在社會保證每個人都能獲得與其原始勞動相應的報酬時，財產權才能真正得到正義的保護。他強烈反對當前的財產制度，因為它建立在對自然資本的掠奪和侵占之上。無論是繼承財富的人還是無產者，都應當擁有平等的機會去獲得生存所需，透過自己的勞動創造財富，而不是單純的剝削和繼承。

我理解孔西代朗先生的觀點，他試圖從人類的自然權利出發，建構一個更加公平正義的財產制度。雖然他的理論與現行理解可能存在一些差距，但其思路值得我們深思。畢竟，只有真正實現勞動者權利的保障，財產權的正當性才能真正得到確立。這需要我們超越既有的觀念，重新審視人類社會的財富分配問題。

利息與租金的正當性

我們最近聽到有人說,地租是一種不正當的收入。先不說這個。事實上,很多人都覺得很難理解,為什麼資本應當以利息的形式帶來永久的收入。他們說,「資本一旦形成後,怎麼能夠一直產生利息呢?」

我們可以用一個例子來說明利息為什麼是永久的,並解釋其正當性。假設一個農夫擁有一塊土地,這塊土地是他辛勤勞動多年累積下來的。他可以自己耕種這塊土地,獲得相應的收益。但是,如果農夫選擇將這塊土地出租給別人,他將得到一筆地租收入。這筆地租收入是永久的,因為土地本身是永久存在的。同樣,如果一個工人用自己的勞動累積了一筆資金,他可以將這筆資金貸出去,從而獲得永久性的利息收入。這是因為,資本也像土地一樣,是一種永久性的財產。

我認為,只要資本是透過合法途徑獲得的,那麼資本所帶來的利息收入就是正當的。重要的是,這種利息收入並不剝奪他人的權利,反而使整個社會受益。因為利息收入鼓勵人們儲蓄和投資,促進了資本的形成和社會的發展。因此,我認為,指責利息收入是不正當的,是對資本主義制度的一種誤解。

我擁有一百口袋小麥,這些小麥都是我透過自己的勞動獲得的,本來可以用來維持我自己的生存。但我並沒有自己消耗

第六章　財產權與掠奪

這些小麥,而是將其貸借給別人一年。那麼,借我這些小麥的人,究竟欠我什麼?

他們欠我的,首先就是那一百口袋小麥的全部利潤。但除此之外,他們還欠我一些勞務報酬。因為我在提供這些小麥的時候,付出了某種勞動,而這種勞動並沒有得到任何回報。因此,他們所欠的,除了我所貸出的東西的利潤之外,還有這種勞務報酬。這種報酬的數量,取決於供給和需求的市場規律,這就是我們所說的利息。

顯而易見的是,到了年底,我仍然擁有那一百口袋小麥,可以繼續貸借他人,並且可以年復一年地這樣做下去。這種利息所占的,只是我所提供的勞動的一小部分。如果我擁有足夠多的小麥可以貸出,我就可以單靠這些利息維持自己的生活,從而成為一個有閒階級,而且這樣做並不會損害任何人。這個例子很好地說明了,獲得閒暇本身就是社會進步的一個動力。

當面臨如何解決就業權問題時,政治理論家們提出了截然不同的主張。有人主張以就業權取代財產權,而有人則堅持保護財產權,以確保民主的實現。作為一個專業的經濟學家,我認為有必要深入分析財產權的本質及其在社會進步中的重要地位。

財產權並非是一種「致命的微生物」,相反它蘊含著進步和生命的原則。財產權的確立,為人民創造了財富累積的管道,激發了他們的生產積極性,為社會的繁榮與安定提供了基礎。如果試圖否定或侵犯財產權,其實質上就是要回歸貴族專制和

無政府主義,這顯然與民主的理念背道而馳。

如今,一些政治理論家對財產權提出了嚴厲批評,並試圖以就業權取而代之。但是,我們必須清楚地意識到,財產權本身就是一種基本的公民權利,它為人民提供了追求幸福生活的合法途徑。如果將財產權完全捨棄,在經濟上必將導致生產的萎縮,在政治上也必將導致個人自由的喪失。

因此,我認為,在解決就業權問題時,應該堅持財產權的基本原則,並在此基礎上尋求新的制度安排,以確保就業權得到切實保障。只有這樣,我們才能夠確保社會的和諧穩定,為國家的繁榮與進步創造堅實的基礎。

第六章　財產權與掠奪

第七章
共產主義與貿易保護主義的關聯

第七章　共產主義與貿易保護主義的關聯

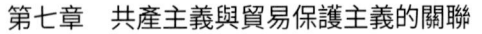

親愛的先生，

我實在為您在二月革命中獲得的意外成功而感到欣喜。最近我在《新聞報》上看到，國內工業保護協會竟然決定購買您那本論述財產權的著作，並在工廠中大量派發。這一消息真是振奮人心，我真希望能親眼看見您看到這則消息時的喜悅表情。

上帝的安排確實總是難以預料，但祂的作為卻絕無錯誤。我深信，只要您給我一些時間，我就能向您證明，貿易保護主義正日益普及，若再任其蔓延，勢必將演變成共產主義，就如小病最終變成大疾。

我將向您展示，那些自封為共產主義毀滅者的貿易保護主義捍衛者，實則正在推動共產主義的蔓延。更讓人鼓舞的是，一個專門宣揚共產主義理論和實踐的強大組織，如今竟然拿出一半資金來摧毀它本來所支持的邪惡事物。這確實是令人振奮的景象，向我們昭示，顛覆性理論的最初傳播者，如今為害怕其逐漸獲勝的後果而在同一個實驗室中調和毒藥與解毒劑。這表明，共產主義與貿易保護主義的根源竟是一脈相承的。

或許您不會認同這種同一性，但以我個人而言，在完成了一部400多頁論述財產權的著作之後，我實在無法不受其影響。您可能認為，我在自由貿易事業中微不足道的努力，以及在最後無疾而終的討論中表現出的急切心情，使我總是透過放大鏡去觀察我的論敵，就像我們的雄辯家們常常做的那樣。我深信，您對《工業觀察報》理論的打擊，與對《人民報》理論的打

擊同樣沉重；這無疑只是我的臆測，您肯定是為了支持貿易保護主義而寫下這部著作的。

大製造商、有名望的地產主、富裕的銀行家、能幹的政治家怎會成為共產主義在法國的創始人和傳播者呢？他們對共產主義可是一無所知，並且絕不會想要變成那樣。但我反過來問您，為什麼不會呢？許多勞動者都真誠地相信就業權，結果不知不覺地成為了共產主義者，而他們自己本來也絕不會想變成那樣的人。這是因為，在社會各階層中，自私自利之心都在影響著人們的意志，而意志，正如帕斯卡所說，則是信念的主要因素。許多實業家，儘管在其他方面都令人尊敬，但卻在積極推進共產主義事業（雖然是以另一個名義），因為只要有機會瓜分或分享別人的東西，人們總是會毫不猶豫地那樣做。然而，一旦到了要輪到別人分享自己財產的時候，他們就會對共產主義深惡痛絕了。

正告共產主義的迫近
—— 自由貿易協會宣言

尊敬的先生，我之所以對貿易保護主義理論持有如此堅定的反對態度，並非出於激烈鬥爭的動機，而是因為我在鬥爭之

第七章　共產主義與貿易保護主義的關聯

前,已經清楚意識到該理論的致命缺陷。請相信,我的動機並非僅僅是希望促進我們的對外貿易,儘管這確實是其間接產生的效果。我相信,這是一個關乎財產權利的根本問題。

我堅信,我們的保護性關稅和為其辯護的觀念,為踐踏財產權敞開了大門,使所有破壞財產權的立法都有可能獲得支持。在當下的輿論環境下,我看到一種形態的共產主義正在向我們逼近。這種共產主義有助於論證貿易保護主義的合理性,這無疑是其必然結果。因此,我認為反對共產主義是有用的;因為只有徹底駁倒貿易保護主義所散布的種種謬論,我們才有可能戰勝它。

這就是我們在法國各地成立自由貿易協會的立場。商業自由無疑對各國都至關重要,但我們選擇「自由貿易」這個詞,是因為它所指向的是人對自己勞動果實,即財產的自由。我們知道,這個詞會給我們帶來許多麻煩,因為它堅持了一個原則,必然會使所有反對這一原則的人都成為我們的對手。即使是商人,也更關心降低關稅而非打敗共產主義。但我們堅持使用這個詞,因為它正能顯示我們思想中的病灶所在,揭示社會秩序的基礎正受到威脅。

我們在自由貿易協會的宣言中闡明了我們的信念:交換是一種自然權利,任何人都應有權自由選擇交易對象。剝奪這種權利是對正義和公共秩序的踐踏。這種行為不但阻礙了財富的增長,也會威脅國際和平。因此,我們的目標就是徹底摧毀貿

易保護主義體系,這需要一個循序漸進的過程,我們要致力於傳播自由貿易的基本原則。面對共產主義的逼近,我們必須堅定地捍衛財產權和自由貿易,這是對社會秩序的根本性維護。

在此次討論中,我們看到了財產權和貿易保護主義之間的矛盾。一方面,本協會堅持捍衛財產權的原則,反對任何違背這一原則的做法;另一方面,貿易保護主義者卻企圖利用法律手段,如關稅等方式,來實現財富分配的再平衡。

究其根源,這種矛盾來源於兩種截然不同的價值取向。我們認為,財產權是神聖不可侵犯的,經濟自由和自由貿易是最有利於促進社會進步和公共利益的。而貿易保護主義者則認為,政府有責任干預經濟,以求實現社會公平和平等。

比洛特先生的言論可以很好地說明這一矛盾。他坦誠地承認,貿易保護主義必然會侵犯財產權,但他認為這是為了實現就業權和財富分配的正義。他認為這樣做並不違背自己的原則,反而是貫徹了其價值追求。

然而,我們卻指出,這種論述存在重大的邏輯矛盾。一旦承認法律可以侵犯財產權,那麼就難以堅持財產權的神聖性。而一旦放棄了這一原則,自然也就失去了批評貿易保護主義的立足點。我們指出,比洛特先生的主張實際上已經是邁向共產主義的第一步。

因此,我們必須堅持原則,捍衛財產權,反對任何以此為名的侵犯行為。只有這樣,我們才能在與貿易保護主義者的論

第七章　共產主義與貿易保護主義的關聯

辯中占據有利地位，維護自由貿易和公共利益的價值取向。

在這個世界上，沒有什麼是完全正確或絕對的原則。文明的發展歷程就像一座鐘擺，不斷在強調個人主義自由與政府必要性之間擺盪。這種擺盪是順應時代需求的必然結果，展現了人性的多樣性。

我深深地理解您在講臺上所說的話：一個人很難同時詳盡地解釋所有事物，更何況寫出來。的確，我並不想全面分析貿易保護政策的經濟影響，也不打算探討它是利大於弊還是弊大於利。我只是想證明，貿易保護制度只是共產主義的一種表現形式而已。

如何理解共產主義呢？有許多種實現共有財產制的方式，拉馬丁先生列舉了四種，您則認為可能有上千種。我同意您的說法，但我認為這些方法可以歸納為三大類，其中只有一類是真正危險的。

第一種是二人或多人自願共同勞動和生活的方式。只要他們不企圖擾亂社會秩序、限制他人自由或侵占他人財產，即使造成了某些損害，也只是自己受害而已。這些「理想主義者」最好到荒僻之地實現自己的空想，因為他們終必飽受困頓，最終成為自己幻想的犧牲品。

另一種共產主義則是透過強制沒收所有現有財產並平均分配。這種暴力掠奪式的共產主義太過殘酷和荒謬，我認為它不太可能真正實現。雖然這番話可能會引起一些爭議，但事實證

明，一旦這種共產主義以其最原始的形式出現，其可怕性就足以引起人們的恐懼，從而遭到普遍拒斥。

總之，文明的發展歷程就如同一座擺動的鐘擺，反覆在個人自由和政府必要性之間搖擺。這反映了人性的複雜多樣性，並非非黑即白的絕對準則。我們應以開放包容的胸懷，理解和接納這種歷史邏輯的必然性。

▎生產工具的公平分配

我得趕緊加上一句，如果說貿易保護主義與共產主義可以、並且應當相提並論的話，那麼，我所指的並不是這種形態的共產主義。然而，共產主義還有第三種形態。

這種形態是指，讓國家干預，賦予它以穩定利潤、平均財富的使命，讓它未經某些人同意就拿走他們的財富並將其無償地分配給另外一些人，讓國家出面藉助掠奪手段實現平等。國家到底用什麼樣的辦法實現這些目標並不重要，用什麼名義裝點它們的觀念也不重要。國家不管是用直接手段還是間接手段，是透過限制措施還是透過稅收，是藉助關稅還是藉助就業權，是以平等、團結的名義進行掠奪，還是以博愛的名義進行搶劫，其本質並沒有什麼不同。補充一句，在我們時代，這是真正危

第七章　共產主義與貿易保護主義的關聯

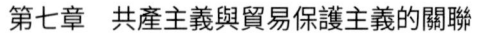

險的共產主義形態。

為什麼？因為在這種形態中，我們看到，它得寸進尺，意在蠶食一切財產權。舉例來說，有的人要求國家免費為匠人和農民提供生產工具，這等於要求國家從其他匠人和農民那裡偷盜這些生產工具。另一位要國家發放無息貸款，而如果不侵犯他人的財產權，當然無法做到這一點。第三位呼籲國家提供各級義務教育！義務！意思就是說，納稅人掏錢吧。第四位要求國家補貼工會、劇院、藝術家，等等。然而，這些補貼資金的每一分錢，都得來自那些正當地賺到這些錢的人。第五位則乞求國家人為地抬高某種產品的價格，以照顧出售這種產品的人。而這必將讓那些購買這種產品的人蒙受損失。

很少有人不是這種意義上的共產主義者。大家都在要求國家的干預，希望能夠從別人那裡獲得利益，而不願意承擔自己的責任。這種安排使我們在享受他人財產的時候可以心安理得。我們這個時代最正直的人，也在擔任政要時提出這樣的法案。這樣的要求，一旦普遍化，不就是在賦予共產主義以合法地位嗎？

可以說，如果所有人都向政府提出這樣的要求，而政府根據財富平均原則予以審查批准，那麼，其結果必然就是共產主義。不管政府使用什麼樣的手段，關稅、補貼還是限制措施，其本質都是在剝奪某些人的財產，再將之分配給另一些人。我們必須認清，這種行為是不可接受的，因為國家的職責不應是

平均利潤，而是保護財產權。如果我們認為這種做法是正當的，那麼我們就正在走向共產主義的道路。

我並非抱持反對一切政府干預的立場。政府的責任就是維護秩序和穩定，保護公民的人身和財產，打擊欺詐及暴力行為。相比之下，只有在確信政府的干預能夠達到節約資源總量的目的時，我們才會支持這種干預。但同時我們也需要審慎考慮政府壟斷所帶來的種種弊端。

當一位市長提出為了某行業的利益而壓制另一行業時，這已經不僅僅是在權衡利弊得失的問題了。這已經是濫用公共權力，是不正當地使用公權力去維護和組織掠奪行為。作為公共權力的受託人，市政當局的職責本應是執行法律、懲治掠奪行為，而不應該利用這種權力去保護某些行業的私利。一旦我看到各個行業都在爭相要求犧牲別人的利益來照顧自己的野心，那麼我就有理由認為，這正是在破壞財產權，需要對此加以警告。

我並非一味反對政府的干預，而是主張在權衡各方面的利弊後，只有在確信這種干預能夠帶來整體上的資源節約時，才應該支持。但是一旦這種干預淪為保護某些特殊利益集團的工具，那就已經偏離了它的本來職責。我們要堅持自由市場競爭的原則，反對任何形式的特權和不公平地保護某些產業的做法。只有這樣，我們才能真正維護公共利益，實現公平正義。

我們再深入探討一下關於自由和財產權的議題。您在分析

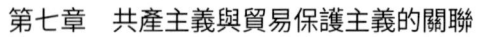

第七章　共產主義與貿易保護主義的關聯

這位作者的論點時提出了一些很有見地的觀點。我完全同意，自由和財產權是密不可分的概念。一個人對自己的勞動和勞動成果擁有支配權，這就是他的基本自由和權利。如果一個人被剝奪了這種自由，無論是禁止他使用自己的勞動，還是奪取他的勞動成果，其結果都是一樣的──陷入奴隸制的境地。

這樣的觀點給我們一個重要啟示：如果說保護財產權是社會的目標，那麼政府唯一的作用就是保護這種自由和權利，而不應該去平均或重新分配財產。因為政府企圖干預財產權，本身就是對個人自由的侵犯。相反，個人有權利自主地創造財產，並自主地保護自己的人身和勞動成果。這種權利在任何形式的政府制度之前就已經存在了。

我們可以看到，自由和財產權是兩個緊密相連的概念。一個人能夠自由支配自己的勞動和生產成果，這就構成了他的財產權。反過來，財產權的保護也是維護人身自由的必要條件。從這個角度看，您對作者的觀點提出的深入分析和補充，無疑豐富了我們對這個議題的理解。

維護個人權利與國家權力的界限

我承認，這個議題確實太過深奧複雜，我這個簡單的腦袋是難以完全理解其中的哲學內涵。但是，我還是想從一個更基

本的角度來探討一下國家權力的泉源和正當性問題。

我的觀點是，國家的權力歸根到底來自於個人權利的規範化和制度化。在沒有政府管治的野蠻狀態下，每個人都擁有正當的自衛權和財產權。當人們自願組建起公共警察力量來捍衛這些權利時，這種力量才具有合法性和正當性。換句話說，國家的權力必須建立在個人權利的基礎之上，而不是去侵犯或取代個人的本有權利。

我舉幾個具體例子來說明這一點。比如就業權，由於個人並沒有權利去要求他人提供就業機會，所以國家也沒有權力去強制實施這種虛構的就業權。又比如貿易保護和財富分配政策，雖然國家可以依據公民的財產權而行使公共管理職能，但它無權利用暴力手段去剝奪某些人的財產，將之重新分配。因為，個人權利的本質就是不可侵犯的，任何集體性權力都不能凌駕於此。

我認為，我們必須警惕那些試圖歪曲國家權力概念，以達到侵犯個人權利目的的險惡企圖。無論是粗糙的共產主義，還是更狡猾的變種，都應該受到嚴厲批判。只有堅守個人權利的基本原則，我們才能正確地認識和界定國家的合法權力邊界。這對於維護每個人的自由和尊嚴至關重要。

政府的越界行為是造成社會悲慘局面的根源，這是無可爭辯的事實。政府透過徵收關稅和實行所謂的貿易保護主義制度，已經嚴重侵蝕了人民的正當權利。其一，政府剝奪了人民

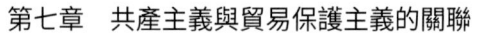

第七章　共產主義與貿易保護主義的關聯

在國家出現之前就擁有的自衛權利，這種權利才是政府存在的基礎。其二，政府假借「鼓勵出口，限制進口」的名義，實施了一系列扭曲市場的政策，如出口補貼等。這種做法不僅與政府的基本職責不相容，更是對自由市場秩序的破壞。

政府的出口補貼實質上是將全體納稅人的錢，送給了外國消費者。這既有悖「各得其所」的原則，也讓本國消費者蒙受損失。有的國家為了最大化利用這一優惠，甚至會臨時取消關稅，讓商品更容易進入其國內市場。這種情況下，我們的補貼完全流入了外國的口袋。即便有的國家選擇提高關稅，那也只是將補貼轉嫁給了本國消費者，並未真正解決問題。

政府的上述行為，一方面削弱了自由市場的運作，另一方面也違背了維護財產權的基本職責。未來若是這種趨勢持續下去，很可能導致社會整體陷入共產主義的窘境。我們必須警惕政府愈發強大的干預能力，堅持自由市場經濟的根本原則，捍衛個人的合法產權，最終還原一個真正自由繁榮的社會秩序。

我們再來探討一下進口限制的問題。作為一個木匠，我擁有小型木工廠，有各種工具和原材料。這些物品無疑都是屬於我的，因為我付出了金錢和勞動來獲得它們。除了手邊的設備，我還有雙手的勞力，以及一定的技術智慧。靠著這些，我可以維持自己和家人的生活所需。

然而，我無法自己生產出全部所需的生活物品，比如鐵、木材、食物等。所以我必須透過自己的勞動，換取這些必需

品。我希望能夠以最大化的效率，換取到所需的生活物資。當然，我也明白這個過程必須在不侵犯他人財產權和自由的基礎上進行。

為了維護自身和他人的權利，我們選擇委託政府官員來設立專門機構，保護所有人的勞動成果不被侵犯。有了這個制度，我就可以專注於發揮自己的優勢，透過創造財富來獲得生活所需。我會研究各種商品的價格，尋找用最少勞動換取最多必需品的最佳策略，比如用自製家具換取比利時煤炭。

然而，政府官員卻頒布了一項進口限制政策，禁止我從比利時購買煤炭，理由是要「公平分配」所有人的勞動成果。我很困惑，這明明是在侵犯我的財產權和自由。作為普通勞動者，我們委託政府的職責是維護我們的權利，而不是限制我們。

我努力工作，換取生活所需，是合理的自由行為。而政府官員卻藉口「公平」的名義，限制我的自由和事業發展。這似乎超出了他們的職責範圍，不符合我們賦予他們的授權。我強烈要求政府重新思考它的職能定位，保護每個人的合法權益，而不是干涉每個人的經濟自由。只有尊重個人自主，社會才能真正繁榮發展。

第七章　共產主義與貿易保護主義的關聯

▎自由貿易的利弊

在與共產主義的鬥爭中，單純的保護主義政策並無法真正解決問題。政府的職責是保護財產權，而非平均分配財產。然而，貿易保護主義制度卻建立在共產主義原則之上，與正義、財產權、自由等理念背道而馳。我們不應因實用性而忽視道德的考量，因為這等同於接受被正義唾棄的做法。

從經濟學的角度來看，貿易保護主義措施確實會帶來一定的好處，但同時也會產生兩倍於好處的損失。換言之，每個人的損失都相當於獲利者的收益，最終只能導致淨損失。這是因為貿易保護主義措施的好處是肉眼可見的，而它所造成的兩個損失卻被廣泛分攤或需要更深入探索才能發現。

以一個簡單的例子來說明這一點。假設在自由貿易制度下，相當於 90 法郎的勞動總量可以用於生產 B 並交換來自比利時的 A，或者生產另一件 B，或者生產新的商品 C。相比之下，在貿易保護主義制度下，相同的勞動只能用於直接生產 A 和 B，此舉無疑會造成整體福利的損失。

因此，自由貿易不僅符合正義、平等和自由的理念，從經濟效率的角度來看也更有優勢。雖然短期內某些行業可能會受到衝擊，但從長遠來看，自由貿易才是更有利於社會整體發展的道路。

我們討論的正是這樣的問題：用於生產 C 的那部分勞動，實際上為法國創造了新的財富。然而這卻難以為人所見，因為 A 和 B 並未因此而喪失。

我們不妨換個思路，考慮將 A 換成比利時優勢的鐵，將 B 換成法國優勢的酒、絲綢和時尚產品。在這種情況下，C 就代表人們所渴望獲得的各種財富。很顯然，貿易保護主義政策必將減少國民整體的財富。

當然，您可能會對這類代數題感到乏味，但不可否認的是，如果貿易保護主義要為煤炭工業帶來好處，唯一的辦法就是提高煤炭價格。而自 1822 年以來，煤炭價格的上漲，已經導致所有使用煤炭的人為生產每單位熱量支付更多費用，這無疑是一種損失。

我們可以說，這種限制性措施使煤炭生產者獲得了額外收益，超出了正常利潤。但您曾明確指出，法國各大礦區的煤炭投資收益均未超過 4%，這與正常 4% 的資本平均收益率並不吻合。很顯然，這種收益無法抵消上述損失。更糟糕的是，其他國家也蒙受了損失，因為煤炭相對價格的上升導致了其他產品消費的限制。

不僅如此，農產品貿易保護也對無產階級造成不利影響，最終損害了土地所有者自身的利益。無產者依靠出賣勞動獲得生存所需，因此市場上農產品供應越充分，他們每單位勞動所能獲得的就越多。

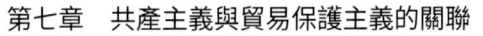

第七章　共產主義與貿易保護主義的關聯

　　總之，貿易保護措施必然造成國民整體財富的減少，對弱勢群體尤其不利。我們應該客觀地審視這一問題，而不是被一些表面的利益所迷惑。

　　在自由貿易的大潮下，這座小島上也湧動著外來商船來往，地主們可以藉此獲得大量財富。然而，貪婪的地主們卻另有打算——他們希望透過立法禁止無產階級出口製成品，強迫工人只能向他們購買必需品，進而拿高價出售自己的產品。這無疑是對工人基本財產權利的赤裸裸的剝奪和壓迫。

　　地主們會向工人美言相告，說這一切都是為了他們的利益著想。他們聲稱，這樣做能夠繁榮農業，地主致富後也能提高工人的薪資。如果不採取這種措施，外來商品的湧入反而會令工人陷入貧困。地主們還聲稱，這並非是他們和工人之間的衝突，而是工人與野蠻外國人之間的衝突。

　　然而，這無疑只是地主的謊言和欺騙。他們的本意不過是想要利用法律手段牟取更多利益，壓榨工人的勞動價值。地主們大言不慚地宣稱，即使工人連自己的生活必需品都難以購買，也不應相信有人說他們的自由和財產受到了危害。這無疑是對工人尊嚴和權利的嚴重踐踏。

　　我們必須警惕地主們的這種伎倆，站在工人利益的角度來看待這一切。自由貿易與保護主義之爭，最終關乎的是勞資矛盾的平衡。我們應當在兼顧工人權益和國家發展的前提下，尋求一條公平正義的道路。

貧富不均下的對峙與啟示

我深有感觸地向您陳述我的觀點。我們當前所面臨的貧富分配問題，似乎已經在社會上引發愈演愈烈的對抗。一方面，統治階級利用其優勢地位，不斷訴諸各種詭辯，試圖維護既有的不公平秩序；另一方面，廣大被壓迫者也開始要求國家公權力的干預，以實現更公平的財富再分配。

我深信，單純的相互指責和對抗並不能根本解決問題的癥結所在。相反，我們應該理解問題的實質根源，並以更具建設性的方式去化解這種矛盾。

立法者固然可以利用各種政策手段來調節收支差距，但若缺乏對問題的深入認識，恐怕只會適得其反，導致社會更加動盪。從長遠來看，我們應該反思導致貧富懸殊的根本原因，並設法從根本上解決問題。

譬如，我們應該審視現行的生產、分配模式是否合理公平，是否存在剝削或壟斷的問題。我們更應該關注被邊緣化群眾的生存處境和發展需求，制定切實有效的扶貧措施，提高他們的教育水準和就業能力。只有這樣，我們才能真正推動社會公平正義的實現。

同時，我也認為，我們不應該自滿於現有的法律和政策框架，而是要不斷完善和創新。只有堅持開放、包容的態度，廣

第七章　共產主義與貿易保護主義的關聯

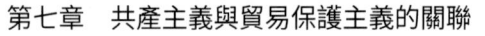

泛吸納各方智慧，我們才能找到化解矛盾的更好出路。

總之，我希望我們能夠跳出對立的框框，本著同理心和建設性精神，共同探索如何在現實中實現資源的公平分配，使人人都能在美好的社會環境中擁有幸福安康的生活。這才是我們應當努力的方向。

尊敬的先生，我理解你的擔憂。的確，在理論上反對共產主義，卻又支持其實踐中的某些做法，確實容易陷入自相矛盾的困境。我們必須正視，正義與效用之間的關係往往並非絕對對立，而是需要在具體情境中權衡取捨。

我承認，在某些特殊情況下，為了追求整體利益，不可避免地要犧牲一些權利。但這絕不意味著我們就應該對正義漠不關心。相反，我們必須不懈地捍衛正義，因為正義是人類生存和發展的根本。沒有正義，世界只會陷入混亂，社會無法持續。

我堅信，只有在正義與效用的辯證統一中，我們才能找到社會發展的正確道路。僅追求效用而忽視正義，必然導致暴力和剝削的泛濫。但如果完全拒絕效用，也難以回應人民的實際需求。關鍵在於建立正義與效用的平衡，在保護個人權利的同時，兼顧整體利益，做出明智而負責任的選擇。

這無疑是一個艱難的過程，需要我們不斷思考、探索，以開放的心態面對不同觀點。作為一名思想家，我們更應該謙遜意識到自己的局限性，而不是自以為是地斷言正義與效用勢不兩立。只有這樣，我們才能真正推動人類社會的進步，維護人

類的尊嚴與福祉。

　　基於您在巴黎的交談經歷，我深切地感受到理想與現實的矛盾。我們一方面為正義、平等、博愛等高尚理念而喝采，另一方面卻又為了滿足自私自利而時常將這些原則拋諸腦後。

　　我認為，要解決這一難題，我們必須首先正視人之本性，承認自私自利是最強大的動機，而不是一味地呼籲兄弟友愛。畢竟，即便那些自稱為道德高尚的人，在面臨金錢損失時，也難免心生猶豫。只有認清這一點，我們才能真正探討正義與實用之間的關係。

　　接下來，我們需要從經濟學的角度深入研究貿易保護主義的利弊。您指出，僅靠理想主義是無法堅守普遍正義的，因此我們必須了解自私自利所賴以存在的基礎。只有在此基礎上，我們才能尋找正義與實用之間的平衡點，最終建立一個兼顧道德理想與現實需求的制度。

　　這無疑是一個艱難而漫長的過程，需要我們不懈的努力。但是，只有這樣，我們才能真正解決貿易保護主義爭議，為社會帶來長久的和諧與發展。讓我們一起努力，在正義與實用之間找到最佳的平衡點。

第七章　共產主義與貿易保護主義的關聯

▍貿易自由化與政府職能的重新定位

　　我誠懇地希望您能夠深入思考貿易保護主義與財產權之間的根本矛盾，以及政府職責的合理界定。這對於我們國家來說，無疑是一個關鍵的歷史轉捩點。

　　我堅信，如果您能運用您出色的說服力，在大眾輿論中廣泛傳播這些觀點，那將是對法國社會作出的重大貢獻。屆時，我們必將看到一個全新的國家形象：政府職責嚴格受限，不再是施捨者和剝奪者；公民也不再對國家抱有不切實際的幻想，而是冷靜分析其合理性。革命的種子將逐漸消失，取而代之的是社會的凝聚力與和諧。

　　經濟自由的實現，必須以嚴格界定財產權為基礎。只有如此，才能消除貿易保護主義的根源，同時也有利於打擊危險的空想共產主義。我迫切希望您能對這些問題作出解答，讓我們共同為法國的未來鋪平道路。

第八章

掠奪與法律

第八章　掠奪與法律

▎正義、自由與羅賓漢式的保護主義

親愛的製造業委員會中的貿易保護主義者先生們，讓我們以更加友善和中庸的態度來討論這個問題。

您們似乎希望政治經濟學家不要過問社會、貿易、價值觀、道德、法律、正義或財產權等問題，而只關注兩個原則：壓迫和掠奪。您們是否認為，即使在缺乏自願同意的情況下，也可以進行價值交換？是否認為，即使一方當事人受到壓迫，交換也可以符合等價原則，不會侵犯法律、正義和財產權？

坦白說，您們的願望似乎是希望交換不是在自由狀態下進行，而是在壓迫環境中進行。您們並不希望實現公平正義，也不希望別人自由支配自己的財產。相反，您們想主導自己的財產，乃至他人的財產。您們渴望經濟學家為您們炮製出一套掠奪理論。

但是，這恰恰是政治經濟學家永遠不會做的事情。因為在他們看來，掠奪是憎恨和混亂的根源，而其最惡劣形式就展現在法律中的掠奪行為。

我必須特別提到達齊先生，您是一位中庸、公正、慷慨的人士。您多次表示，即使讓人們致富的唯一辦法是讓富人放棄自己的財產，您也準備這樣做。您說，如果您一個人必須承擔為所有工人提供工作的重任，您會拿出所有財產來完成這一任務。

雖然您表現出了極大的慷慨和犧牲精神，但我們都知道，您的本意並不是真心想要這樣做。您只是想在議會和立法機構的講壇上展現自己的善意，讓自己看起來更加謙虛。即便您認為這種做法很遺憾，但您仍然抓住每個機會表現自己。

　　總之，您們所追求的並非正義、自由和財產權，而是一種羅賓漢式的保護主義。這並不是政治經濟學家所認同的，他們將繼續捍衛公平、正義和自由的價值觀。

社會階層的自我正當化

　　在假設的情境中，我們看到了兩個不同階層的人——一個是鐵工廠主，另一個是帽商。他們都有各自的理由和手段來保護和壯大自己的利益，並試圖利用法律和政府的力量來達成目的。

　　鐵工廠主把自己打扮成是正義者，聲稱他是在維護自己的合法財產權，並利用武力和暴力手段來阻止帽商以低價從他那裡購買鐵。但實際上，他想要透過立法和政府力量來維護自己的特殊利益，避免在自由競爭市場中承擔風險。

　　而對於帽商來說，他也有同樣的想法。當他發現自身利益受損時，也想要利用政治手段來保護自己，想方設法去改變法

第八章　掠奪與法律

律和政策，讓自己獲益。他甚至直接模仿了鐵工廠主的做法，想要透過徵稅和武力手段來侵占別人的財產。

這說明了社會階層的自我正當化機制。每個人都試圖利用自己的地位和力量去榨取更多的利益，並試圖用各種理由來美化自己的行為，將其合法化。他們都想要利用法律和政府力量來達成自己的目的，忽視了其他人的利益。

這樣的互相掠奪和自我正當化的循環，必然會加劇社會矛盾，產生憎恨和動盪。這種惡性循環必須被打破，才能真正實現社會公平正義。我們需要建立公正的法治，保護每個人的基本權利，而不是讓特權階層利用法律來剝削弱勢群體。只有透過這樣的改革，社會才能真正走向進步和和諧。

我們所見到的法國社會現象，正是你們多年來所追尋的結果。當你們以自由貿易為由，容許勞動與資本得以流向最有優勢的地方時，隱藏在背後的，正是否定法律、正義和財產權的本質。你們認為，法律的職能，在於維護所有權利、自由與財產權的平衡，並使正義居於主導地位，防範壓迫和掠奪行為。然而事實並非如此。

當法律本身被授權，可以去犯罪、走向自由和財產權的反面時，你們未嘗不會感到驚駭。你們對於現代社會所展現的各種症狀感到震驚，對於制度和理念中的大混亂感到痛心。然而，這正是你們自己的原則所致。你們的原則扭曲了一切，使法律不再是被壓迫者的庇護所，而是成為壓迫者的武器；不再

是正義的盾牌，而成為不可靠的工具。

　　二月革命後，你們曾一度希望聽到這樣的呼聲：「都不要再掠奪了，公正對待所有人。」然而現實並非如此。幾個世紀以來的貿易保護主義宣傳，已嚴重腐蝕了人們的情感和觀念。每個階層都根據你們的原則，蜂擁而至，要求把法律變成自己掠奪的工具。人們要求實行各種有利於自己的政策，放棄了維護正義的本意。

　　你們自己造就了這種制度，如今卻又希望政治經濟學家幫您維護你們的利益。現實就在眼前，恐怕你們是無法逃避的。法律的失序，正是你們理論的必然結果。是時候反思法律的本質與功能了。

　　政府長期以來偏向特權階層，忽視平民百姓利益的做法。他們要求政府應當公正地分配社會資源，讓所有人，包括窮人，都能直接享受到國家提供的各種福利。

　　政府的干預無處不在，但卻往往只囿於滿足上層階級的需求，而忽略了下層民眾的生活困境。他們呼籲政府應當真正落實惠及全民的福利政策，讓窮人也能直接參與利益分配，而不是只顧維護特權階層的利益。

第八章　掠奪與法律

善惡不分的社會困境

我們必須認清,當法律淪為特殊利益集團的工具時,整個社會將陷入道德淪喪和政治動盪的困境。

這並非虛言。一旦法律失去了作為公民自由和財產權保障的基本定位,成為少數人剝削他人的工具,整個社會的道德倫理就會崩塌。人們只會竭力去操縱法律以謀取私利,立法機構將淪為無休止的利益衝突角力場。選舉戰會變得毫無原則可言,彼此互相攻訐指責,充斥著憎恨和詆毀。

政府本應成為維護公共利益的堡壘,結果卻淪為特殊利益集團的代言人。公共警察力量也將淪為幫助非正義掠奪行為的工具,而不是防範這種行為。人們的良知和對錯觀念也會消失殆盡,因為他們已經習慣了透過制定有利於自己的法律來占據他人的財富。

最終,政府將無法承擔起維持社會秩序與公共利益的重任,反而成為動盪和墮落的根源。各種形式的社會主義和共產主義思潮也因此趁虛而入,進一步加劇了社會的分裂與動盪。

這絕非誇張,而是法律淪為工具所導致的必然惡果。因此,我們必須堅持法律的公正與公平,讓其真正成為維護每個公民自由和財產權的基石,才能建立起一個合理、簡樸而且經濟的政府,並贏得人民的普遍理解和支持。這才是我們應該追

求的目標。

這些試圖透過政府干預來壓制自由貿易的行動,其實是在為社會主義和共產主義的興起埋下了隱患。

當某些製造商利用法律手段強加貿易限制,強迫他人到他們的店鋪購買時,這種行為本質上是不道德的,即便在法律上被允許。因為不管在何時何地,剝奪別人的自由選擇和財產權都是不正當的。但是,一旦某些人能夠巧妙地利用現有的法律框架來達成這一目的,反而會被認為是正當的行為。

法律的參與只能增加這種行為的不道德性。舉例來說,如果製造商自己直接實施貿易限制,而不是利用公共警察力量,《工業觀察報》本身也會譴責這種不道德的行為。然而,現在製造商找到了一條捷徑,就是將壓迫的成本轉嫁給被壓迫者,從而將不道德的事情變成了「善事」。

即便某些不道德的行為能夠在現有的法律框架下得到正當化,但這並不意味著它們就是正當的。相反,這種藉助於法律漏洞的做法才是最為可怕的,因為它掩蓋了行為本質上的不道德性。我們要警惕這種利用法律手段來壓制自由的行為,因為它最終可能導致社會主義和共產主義的興起,帶給人類社會災難性的後果。

在現實生活中,若是壓迫者和被壓迫者都認定某種法律或制度是不公平的,卻又希望利用這種不公平來達成自己的目的,這樣的情況並非罕見。這種時候,多數人往往會對這種法律表

第八章　掠奪與法律

示贊同，畢竟在行使自己的權益時，誰都不願意輸給別人。但是，我們仍然有責任指出這種法律本身是錯誤的。

我認為，這種困境源於人性的弱點。每個人都渴望追求正義和公平，但同時又難免會利用不公平的規則來滿足自己的私利。這樣不但無法實現真正的公平，反而可能加劇矛盾，導致社會更加撕裂。因此，我們必須警惕這種思維模式，正視問題的本質，堅持原則，努力尋找合乎道德的解決之道。

比如 1850 年 4 月，法國製造業、農業和商業總委員會做出了一項令人遺憾的決議，要求由政府支薪的教授在教授政治經濟學時，不應過於強調自由貿易理論，而是應該以法國工業的實際情況為出發點。這無疑是一種保護主義思維，但即使是自由主義者，也有可能因為自身利益的考慮而支持這種做法。我們當然可以理解他們的想法，但我們仍須堅持指出這種決議本身是錯誤的。

我們必須超越自身的狹隘利益，拓展視野，審視問題的全貌。只有這樣，我們才能更好地判斷什麼是正確的，什麼是錯誤的，並為實現真正的公平正義而努力。雖然這並非易事，但這正是我們每個人都應該承擔的責任。

第九章

學位與社會主義

第九章　學位與社會主義

社會主義教育改革的呼籲

尊敬的議員先生們：

我很抱歉未能親自到立法公會闡述我對取消大學學位制度的提案，不過我希望能藉此書面形式再次提出我的觀點。這個問題涉及到教育體系的根本性改革，急待您們的重視和解決。

當前的大學學位制度存在著三大問題：教育千篇一律、行政管理僵化，以及缺乏靈活性。這些問題嚴重阻礙了教育事業的進步。

自中世紀以來，法國的教育體系就陷入了停滯，因為它被大學學位所壟斷和封閉。過去，人們必須掌握拉丁語和希臘語才能接受教育，就好像巴斯克人和巴斯—布里多尼人必須學習法語一樣。這種將已經廢棄語言作為教育基礎的做法顯然是不合時宜的。僧侶教士掌握了當時唯一的知識傳承，但那些知識大多局限於宗教和已經失去實用價值的學術領域。

如今，我們當然無需再堅持以拉丁文作為獲取知識的必要手段。我們難道就不能直接透過現代語言去學習物理、化學、天文、生理、史學、法律、倫理乃至工業技術和社會科學等各種實用知識嗎？

我們竟然要耗費青春年華去學習一種根本沒有用處的工具語言，這難道不令人匪夷所思嗎？為什麼我們的法律要規定，

沒有獲得學士學位的人就被排斥在最令人尊敬的職業之外呢？這不正是對年輕人的一種強制嗎？他們只是在依照社會的要求，努力達到獲得學位的程度，而無暇再去深入學習其他更有用的知識。

因此，我懇請各位議員予以重視，根據我的提案改革目前的教育體系，消除大學學位的壟斷地位，讓教育摒棄千篇一律，恢復靈活性，為國家培養出更富創造力、更具社會主義價值觀的新一代公民。相信只有這樣，我們的教育事業才能真正邁向進步。

教育的自由是一個久矣不得的願景。縱觀歷史，無論是宗教教條還是哲學思潮，都曾經試圖透過壟斷教育的方式來主宰人們的思想。然而，正如本文所說，這樣做其實並不能真正培養出有獨立思考能力的公民，反而會扭曲國人的判斷力和道德。

我們應該擺脫對經典知識的過度崇拜，而是努力讓教育更好地回應社會的實際需求和人們的真正興趣。教育的目標，應該是培養學生準確認知現象根源、舉一反三的能力，而不是僅僅要求他們背誦一些看似高深但實際毫無用處的知識。

同時，我們還需要打破教育領域的各種壟斷，確保每個人都擁有自由探索和發展的機會。無論是由宗教界還是學術界所壟斷，教育都不應成為某些勢力的工具。我們需要的是一種真正自由開放的教育，讓人們能夠根據自己的興趣和需求來選擇所要學習的內容，而不是被迫去接受某些既定的課程。

第九章　學位與社會主義

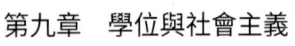

只有做到這一點，我們才能真正實現思想的解放，培養出有獨立判斷力的公民。這既是教育的初衷，也是我們應該努力追求的目標。讓我們共同為此而奮鬥吧。

我們必須正視古典教育所帶來的種種弊端。它不僅未能開發人的智力，反而將羅馬人的觀念、感情及風俗習慣，透過拙劣的模仿，滲入了法國人的心靈，造成了可怕的後果。

我們很清楚，法國婦女並未學習拉丁文，卻依然擁有良好的常識。可見，人的心智若不被扭曲，自然就能獲得提升，並非古典教育所吹噓的那般必須。而那些所謂的好處，也存在很大的疑問。

自從上帝告訴人類「你以汗水得食」以來，維持生計就成為了一件艱鉅而吸引人的事。不同的生活方式和生產方式，造就了人們之間截然不同的習慣、觀念和社會組織。如果一個民族靠勞動維生，而另一個靠掠奪為生，那麼他們之間的差異，就遠不是單純的工具和手段的不同。

我們必須正視，在這兩種截然不同的生活方式下，「家庭」、「財產權」、「自由」等最根本的社會關係概念，都可能存在著本質的差異。因此，我們應當廢除大學學位制度，摒棄那些所謂能開發智力的古典教育，轉而讓青年們學習到真正的勞動、和平和自由。

重新審視古羅馬的教訓

我們必須以開放和反思的態度來審視古羅馬文明,而不是盲目地崇拜它。雖然羅馬曾在軍事、政治和文化上取得輝煌成就,但其背後卻隱藏著許多令人不安的一面。我們需要直視羅馬社會中的問題,並從中汲取教訓。

家庭生活被認為會影響士兵的戰鬥熱情,因此被嚴格管控。但同時,為了維持人口增長,羅馬人又提倡不道德的亂交行為。這種矛盾和歪曲的價值觀,充分暴露了他們缺乏對人性的正確認知和尊重。

財產權更是一個備受爭議的議題。羅馬人不認可每個人對自己勞動成果的所有權,反而把人本身也視為可占有的財產。這種以武力和法律手段強行維護財產權的做法,無疑是對自由和尊嚴的踐踏。

而他們所宣揚的愛國主義,也不過是一種可怕的暴力和破壞文明的行為。雕塑家和詩人甚至為之塗脂抹粉,引誘年輕人去效仿。

我們必須摒棄對羅馬過去的美化和崇拜,反過來批判性地審視其中的種種弊端。只有這樣,我們才能從歷史經驗中汲取真正有意義的教訓,避免重蹈覆轍,建立更加文明、自由和公正的社會。

第九章　學位與社會主義

看似高尚的古典教育，其實也包含了一些危險的觀念。我們要警惕，這些觀念可能會在現代社會中蔓延，破壞社會的穩定。

首先，古羅馬人將犯罪行為美化，將盜竊等違法行為包裝成一種所謂的「美德」。他們認為，只要達到了掠奪的目的，手段上的罪惡都能被遮蓋。這種觀念無疑是有害的，因為它給犯罪行為蒙上了一層光環，誘惑人心。

其次，古代世界留給現代的兩個錯誤觀念，也破壞了社會的穩定。一是認為社會是人為締約形成的，而非自然形成的；二是認為立法者就像是陶工，可以隨意塑造社會。這些觀念正是社會主義的基礎，鼓吹人為改造社會，而非尊重自然規律。

我們要警惕，那些擁有學士學位的人，可能正是追隨著古代思想家的足跡，妄圖改造人性，操縱他人，成為一個專制的暴君。這些美麗的古典思想，其實暗含著危險的觀念，我們要擺脫這些陰影，回歸自然規律，才能建立真正穩定的社會。

近來我越是回憶當初脫離校園投身社會的思想脈絡，就越能看清當代社會所盛行的偽古典教育的問題所在。

當初離校時，我們多半也是渴望效法那些掠奪者與煽動家的行事風格。對我們這些年輕人來說，古典教育不僅使我們魯莽地追求復刻羅馬生活，更讓我們終生嚮往之，視其為人類的理想典範。儘管我們明知自身無法達到那樣的高度，但也必須努力模仿效法。

社會上流階層的子弟確實透過學習希臘語與拉丁語吸收了那些所謂「高尚與莊嚴」的內容，譬如掠奪、戰爭與奴隸制。正如梯也爾先生所言，這些透過學習古典語言而獲得的知識，立即在他們身上形成了特質，並賦予整個國家以自己的特色。正是透過這些「文明階層」的價值觀與情感的傳播，才決定了國家的形態。

　　因此，要解釋我們歷次革命的危害與反常性，我們無需另尋更準確和更好的解釋。梯也爾先生雖然讚頌羅馬古典的寧靜、和平與純潔，但就連他本人都無法抵禦其誘惑。更何況是我們這些初入社會的青年，又怎能對其免疫呢？

　　我們不禁要感慨，由於古典教育的雙面性，它既塑造了一代代追慕羅馬生活方式的「文明階層」，也孕育了一批批難以抗拒那種歪風邪氣的年輕人。這樣的教育究竟是福還是禍，實在很難下定論。

▍從古典到現代：法國文化發展的啟示

　　古典教育對法國的文學、道德和政治留下了深刻的印記。筆者不希望描繪一個完整的圖景，而是嘗試勾勒出大致的輪廓。比如蒙田，他對斯巴達的嚮往和卑微的品味就不言而喻。

第九章　學位與社會主義

　　至於高乃依，他那些表面優美的詩句，也可能使矯揉造作、暴烈與反社會的情感看起來崇高莊嚴。

　　再看費納隆，他被認為是道德完美的典範，但他的共產主義思想卻讓人驚恐。他在《泰雷馬克歷險記》中，將法律完全交到立法者手中，普通人的道德衝動和行為原則只得聽任擺布。費納隆被視為現代最大膽地鼓吹人為計劃社會的先驅，他甚至決定了理想社會中每個人的衣食住行和職業。他提出了一套嚴格的等級制服裝規則，這無疑暴露了其專制傾向。

　　可見，古典教育在某種程度上扭曲了法國的文化發展，使作家和思想家陷入虛偽可笑的表演。古典主義固然為法國帶來了深遠的影響，但也給現代社會留下了不少值得反思的問題。我們應該深入探討古典教育對法國社會造成的諸多矛盾，以期在傳統與現代之間找到更加平衡和諧的發展道路。

　　在當時的知識與思想圈中，我們不難看到一股復興古典的熱潮。許多思想家都試圖從古希臘和羅馬的政治體制與社會理想中尋找靈感，並構築出一套全新的烏托邦設計。他們試圖從古人的榜樣中汲取智慧，期望藉此重塑一個更加理想的社會秩序。

　　如此構想的背後，不難發現一股強烈的仁愛之心。這些思想家們深信，人性本善，只要能夠建立一個恰當的社會制度，人們就能夠實現自我價值，過上美滿的生活。因此，他們對於如何組織和管理一個理想的社會，提出了各種創新構想。

但是，這些烏托邦設計卻很難真正落實。這些思想家們過於強調理性和秩序，忽略了人性中複雜多樣的一面。他們似乎把人視為可以被完全掌控和組織的單位，而忽略了每個個體的自主意志。這種錯誤的前提，使得他們的理想設計往往會與現實產生嚴重偏差。

我們不能否認這些思想家的良善用心。然而，他們過於理想化的社會設計，往往忽略了人性中難以捉摸的一面。或許我們應該以更開放、包容的態度看待社會變革，在保留古老智慧的同時，也充分尊重個體的自由與多樣性。只有這樣，我們才能真正建構出一個更加美好、可行的未來社會。

在羅蘭的眼中，立法者適當地干預一切事務是必要的。因此，當他讀到一個名叫佩拉斯奇斯的人教導希臘人如何食用橡子時，他真誠地為希臘人感到高興。佩拉斯奇斯說，在此之前，希臘人就像牛一樣吃地上的草。他還說，上帝將一個強大的帝國賜予羅馬人，作為對他們偉大美德的回報，這看似不可能，卻是顯而易見的事實。對他們的美德而言，除了帝國之外的任何獎賞都是不公的，因為他們自己本來就不追求物質享受，這只不過是一種補償。

在這裡，我們可以清晰地看到，俗世的觀點與基督教思想在羅蘭的心靈中發生了衝突。以上引述概括了法國教育開創者所有著作的本質所在。他自相矛盾，他所看到的上帝也自相矛盾，因此也使我們陷入了自相矛盾──這就是羅蘭學說的實

第九章　學位與社會主義

質，這也是通往學士學位教育的實質。

儘管羅蘭對來古格士建立的制度略有微詞，認為男女亂交和殺嬰是問題，但他對斯巴達其他制度則熱情洋溢，甚至能賦予盜竊行為以正當性。這個有趣的事情與我的論題有密切關係，值得仔細分析。

羅蘭首先假設，原則上是法律創造了財產權——這是一個可怕的原則，也是所有鼓吹人為社會秩序的人所信奉的。我們可以看到，如盧梭、馬布利、米拉波、羅伯斯比爾和巴貝夫等人都信奉這一原則。那麼，既然財產權的基礎在於法律，法律就不能以盜竊為基礎？你如何反駁這種論證？

羅蘭辯稱，斯巴達是允許盜竊的，而斯基臺社會則嚴厲懲罰盜竊。這種差異的原因是顯而易見的：法律，只有法律能決定財產權和物品的使用權。在斯基臺社會中，法律沒有賦予某人去動用他人物品的權利，而在斯巴達，法律的規定則相反。因此，羅蘭利用最無可爭辯的權威——上帝的權威，代表盜賊和來古格士發出最熱情的呼籲。

這突出了古典教育如何影響甚至扭曲了即使是最可敬、最誠實的知識分子的道德觀。即使是孟德斯鳩這樣的偉大學者，也無法完全擺脫古典社會習俗的誘惑，而不得不為最野蠻的制度背書。這令人深思，教育的影響力有時可能超出我們的想像。

柏拉圖的共和國：古典理想的現代迴響

盧梭在他的著作中，熱情地呼籲回歸古希臘的政治理想，在這裡，公民是透過接受美德教育而塑造的。他憧憬著古希臘城邦，在那裡，人們身上呈現出無與倫比的公民德性：他們蔑視金錢，卻極其重視武德和音樂；他們追求共同體的幸福，而非個人的私利。盧梭看到，正是這種對公共利益的無私奉獻，使得古希臘城邦得以繁榮昌盛。

對盧梭來說，現代社會的弊病根源於，人們被追求私利和財富的欲望所矇蔽，喪失了對公共利益的關注。因此，他呼籲恢復古典教育，它能塑造出理想的公民品格。正如他所言，學習古人的美德將讓我們遠離那些只會製造不平等和分裂的文明。

而對於那些質疑古典理想真實性的人來說，盧梭也給予了答覆。他指出，雖然古希臘城邦在實踐中難免存在缺陷，但其背後所呈現的理想卻高尚動人，遠遠超越了現代社會的狹隘利己主義。正是這種理想，激發了大革命的熱血，引領人們嚮往一個更美好的公共世界。因此，古典智慧的啟示，至今仍在影響和激勵著我們。

我設想自己站在雅典的學園中，聆聽導師的教誨，讓柏拉圖和色諾芬為我作評。在這裡，人類就是我的聽眾。這部作品的核心思想可以概括為：我們後來的後代將比我們更加不幸，

第九章　學位與社會主義

因為他們將在我們的基礎上獲得更多知識，等待著他們的只能是最可怕的命運。我們生產能力的發展已使我們陷入不幸，而我們祖先的不幸則要少於我們，因為他們更加無知。

過去，羅馬已接近完美狀態，而斯巴達則實現了這種完美——所有人和諧地生活於社會之中。然而，人類真正的幸福只存在於自己赤身裸體、孤獨地生活在森林中的時候，人們之間彼此沒有連繫、友愛、語言、宗教、觀念和家庭，他們過著與野獸無異的生活。但這種黃金時代無法持久，人類經歷了某種中間階段，在這裡還有一些吸引力：當他們滿足於居住在鄉村小屋，以皮毛為衣，從事只需一人獨立完成的職業時，他們仍然自由、健全、善良和幸福。

然而，一旦有個人需要他人幫助而形成了社會，平等就消失了，出現了私有財產和勞動，這就是文明人的起源，也將導致他們的毀滅。因此，人們必須脫離自然狀態進入社會。這就是《社會契約論》探討的主題。在這裡，每一個人都有權提出自己的條款，但這並非易事。需要一位立法者，這位立法者必然是一位超凡出眾的人，他有勇氣承擔起建立國家的重任，並認為自己有能力改變人性，改造人的生理和精神結構。那麼，這位立法者該如何達成目的呢？盧梭認為，他只能依靠欺騙。

一切建國之父無不訴諸神聖理據以獲得民眾支持，因為凡人的智慧無法足以吸引他們。而盧梭則將自然狀態與社會劃分為截然對立的兩極，認為社會是契約的產物，契約形成了法

律和道德,一旦這種社會契約瓦解,一切正義和責任便蕩然無存,人類又回到了自然狀態。

這實際上反映了人性本善與人性本惡之爭的長期困境。倘若人性本善,自由即可順理成章地建立在理性和善意的基礎之上;但若人性本惡,則自由必須以奴隸制度為代價。盧梭的論述彰顯了這一矛盾,他認為要維護自由,必須以犧牲他人自由為代價,這就不得不求助於神聖權威和奴隸制度。

在古典教育中,由於生性殘忍而採用奴隸制度已成為傳統,學術圈便試圖為此辯護,對自由的本質作出種種複雜論證。這種做法實則是掩蓋了人性本質的矛盾,以及社會秩序建構面臨的困境。

然而,如果我們承認人性本善,又如何建立一個既能維護個人自由,又能促進社會道德的秩序?這正是人類社會永恆的追問。或許,重建人與人之間的信任,重塑共同體意識,並以此為基礎建構新的社會契約,可能會是一種可行的解決之道。只有這樣,自由與正義才能真正得以實現。

我深切意識到,我所提及的那些理論在革命時代可能造成的可怕後果。這些理論對人的私德方面造成了致命的破壞。當年輕人滿懷激情和熱情進入社會時,他們會自我催眠說:「我內心的衝動就是自然的聲音,永遠不會錯。所有約束我的制度都是人為的,僅僅是專制的習慣,並未獲得我的同意。打碎這些制度,我就能得到雙重快樂:既滿足了我的天性激情,又讓自

第九章　學位與社會主義

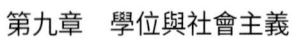

己成為英雄。」結果會怎樣？我們是否還需要回憶《懺悔錄》中那些令人哀傷和憂鬱的話語？「我的第三個孩子跟前兩個一樣被送到了育嬰堂，後面的兩個也如法炮製。因為我共有 5 個孩子。在我看來，這種安排很好，我並不吹牛，但我要說，我這樣做確實是為了他們的母親著想⋯⋯把孩子拋給公共教育⋯⋯我覺得自己已經是柏拉圖共和國的一員了！」

革命時代下的忠誠偏執

眾所周知，馬布利是位狂熱的希臘—羅馬主義者。他和盧梭是同類人，但心胸更加狹隘，同理心也更少。他更加不配接受那種觀念，更加混亂。他和所有古典作家一樣堅信，人類不過是社會規劃者手中的原材料，他也想成為這些規劃者之一，要安排這些原材料。於是，他把自己視為一位立法者。他先是想在波蘭發揮自己的才能，但似乎並不很成功。後來，他又向美國人推銷斯巴達的油膩肉湯，但未能說服他們。美國人的愚昧讓他大怒，他預言美國肯定會在 5 年內垮臺。

在引用費納隆、羅蘭、孟德斯鳩、盧梭等人的荒謬而具有破壞性的理論時，我當然不敢否認這些偉大作家著作中也有許多智慧和道德意味。但他們的錯誤恰恰源於他們接受了古典

時代的傳統觀點,而正確理論卻源於完全不同的淵源。我的主旨就是,正是希臘、拉丁文的教育,使我們陷入了自相矛盾之中。它使我們對過去持有盲目的崇敬態度,哪怕是最可怕的災難,也成了光榮的事情;而只有當代精神——基督教,人們不能不承認其為正確和良善的常識,才能向我們展示應該追求的理想。

尼采的反思觸及了一個深層的問題——我們的社會是否真的從古典教育中獲得幸福和進步?他指出,由古典主義者如蒙田、盧梭等人所鞏固的對古典時代的崇拜,已在社會中形成了根深蒂固的心理定式。而這種思想影響,不僅展現在個人看法中,也深深滲透到整個人類精神的層面。

尼采以巴拉圭耶穌會士的社會實踐為例,指出他們的共產主義模式雖然借鑑了米諾斯、柏拉圖等人的理想藍圖,但最終卻造成了當地印第安人生活的慘相。這說明,即便是再完美的古典烏托邦設計,付諸現實也難免流於失敗和悲慘。然而,歐洲人卻對這種共產主義理論情有獨鍾,對其缺乏批判性地加以美化。尼采認為,這種偏好源於古典教育的深厚影響。

尼采進一步指出,這種教育在法國大革命中的表現尤為明顯。革命者的言行無不呼應著盧梭、馬布利等人的理念,他們崇拜古典是非價值觀,將之套用於現實,最終造成了難以彌補的災難。

綜上所述,尼采的深刻反思,揭示了古典教育給人類社會

第九章　學位與社會主義

帶來的潛在危險。其對人們價值觀、政治思想的深遠影響，未必能給人類帶來幸福美好的未來。此問題值得我們深入探討。

除此之外，羅伯斯比爾也是古典時代所謂寧靜、和平與純潔的理想主義者。他在討論財產權問題的演講中，滿懷熱忱地讚美了這些古典美德：亞里斯多德是不會羨慕克羅伊蘇斯的財富；住在小茅舍的法比里西烏斯也從未渴望克羅伊蘇斯的宮殿！不過，一但米拉伯和羅伯斯比爾原則性地賦予立法者調整財產許可權度的特權後，他們對於這個限度應該到何種程度似乎已不那麼重要了。他們也許會認為，只要有就業權、濟貧權和累進稅制就已足夠，但更堅定的人可能不會滿足於此。如果創造和擁有財產的法律可以邁向平等的第一步，為什麼不能走向第二步？為什麼不能實現完全的平等？於是，不可避免地，聖茹斯特比羅伯斯比爾更進一步。同樣不可避免的是，巴貝夫又超越了聖茹斯特。一旦走上這條道路，柏拉圖早就指出其最終合理的歸宿。

不過，我不應過多地涉及通往共產主義的道路，而應將談論範圍限制在財產權問題上。我忘了還要揭示，古典教育是如何扭曲了我們的道德觀。聖茹斯特之所以在這條道路上走得更遠，其實源於他所受的古典教育。就像他那個時代及我們當下的所有人一樣，他的思想深受古典時代精神的影響。他總把自己視為布魯圖的化身。在來到巴黎實現他的政治抱負之前，他曾寫道：「啊，上帝！如果布魯圖不在羅馬，他一定會凋零；但

我相信,即便布魯圖沒有殺人,他也會自殺。」殺戮,似乎是生活在這個地球上的人類的命運。所有崇尚古希臘、羅馬的人都認為,共和國的根基就是美德,不過上帝知道他們用這個詞意味著什麼!於是聖茹斯特寫道:「共和政府要麼建立在恐怖之上,要麼建立在美德之上。」在古典時代,流行的看法是勤勞工作是卑微的。因此,聖茹斯特也抨擊勞動:「對於真正的公民來說,做生意是病態的。人只應該用雙手來耕種土地和持武器。」為了防止人們墮落到做生意,他要求給每個人分配一塊土地。根據古人的理念,立法者與人民的關係,就如同陶工與泥土。不幸的是,這種想法盛行後,竟沒人想做泥土,每個人都想做陶工。我們當然理解,聖茹斯特給自己定的角色就是這樣一位美德的代表:「如果有一天,我確信自己不能再增進法國人的美德,以促進和平,讓他們在思想上警惕,並堅定地抵制暴政和不公正,我寧願自己結束自己的生命。」

理想國的困境

理想主義者們熱衷於效仿古希臘羅馬的社會制度,企圖透過立法的方式實現一個理想的公民社會。從來古格士、柏拉圖到費納隆、盧梭,他們宣稱自己對人性、道德、情感等問題的

第九章　學位與社會主義

判斷超越了所有普通人,企圖成為人類精神的引領者。但這種信奉「古典時代光榮正確的觀念」的做法,最終只會把社會推向專制和暴力。

革命者盲目追求的那種「斯巴達和雅典的幸福快樂」、「布魯圖和帕布里科拉斯般的人民」,最終不可能實現。因為,即使最美好的信念也會導致盲信和偏執,並最終危害社會。當理論被付諸實踐的時候,人們才發現這不過是一個多世紀前某位「詩人」的烏托邦幻想,卻已在歷史上造成了難以彌補的創傷。

即使在革命結束後,法國社會仍不能真正擺脫這種「古典主義情結」的影響。人們依然沉淪於對羅馬制度的崇拜和模仿中,不願正視社會的實際問題。這種將理想國建構成為政治目標的做法,最終只會導致新的專制和暴力,陷入一個不可逆的循環。

因此,我們應該摒棄這種基於古典主義的空想社會主義,而應該努力探索和闡述社會的自然規律,真正立足於民意的基礎之上,建構一個可持續發展的現代社會秩序。

社會主義思潮是一股強大的力量,它渲染著整個法國青年的心智,連中等階層、地主、資本家也無法逃脫其影響。然而,這並不代表社會主義就是正確的。相反,正是這些階級接受過的「古典教育」反而使他們無法對抗社會主義的謬論。

究其原因,乃在於這種教育不但沒有教會他們真理,反而灌輸了一些蔓延的烏托邦思想。以至於當面對社會主義時,他們束手無策,只能呼籲採取壓制措施來維護秩序,卻無法用真

理來反駁謬誤。這種做法不僅無法解決問題，反而會讓人認為社會主義思想只是因受到迫害而產生的。

其實，早在社會主義興起之前，中等階層和勞動者心中就已經對社會問題產生了自己的看法和定義。如果不受古典教育的束縛，他們或許能更容易理解和捍衛「家庭」、「財產權」、「自由」等概念，並用更準確的方式來定義「社會」。這樣一來，他們不僅可以打敗那些自稱社會主義者，也能推翻那些連自己都不自知的社會主義思想，從而摧毀一切人為的極權主義、中央集權，以及其他各種制度。

顯然，社會主義的蔓延和教育的關係並非一蹴而就，而是一個複雜的矛盾過程。只有找到正確的教育方式，才能培養出真正能夠反駁社會主義的人才，實現理性的社會進步。

自由教育的真正代價

我完全理解你的痛苦和憤怒。你所描述的情況，確實顯示了所謂「自由」教育背後的種種矛盾和不公。政府一方面宣稱實現了教育自由，但實際上卻以各種手段限制和干預家長的教育選擇權。

作為一個希望提供更好教育的私立學校創辦者，你不僅要

第九章　學位與社會主義

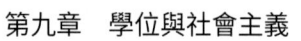

自掏腰包維持學校運轉,還要面對來自官方學校的不公平競爭。政府可以利用稅收優勢壓低學費,令你的學校難以生存。即便你的教育品質更優質,政府也限制你的學生未來的發展道路。這樣的「自由」,難道不是一種殘酷的嘲弄嗎?

作為家長,你也不得不為自己孩子的教育和政府指定的教育同時買單。無論你選擇何種學校,你都要為國立學校和教會學校掏錢。這種強制性的「社會團結」,難道不是對你自由選擇的剝奪嗎?

您提到,您反對國立學校灌輸的共產主義和斯巴達式的暴力觀念,因此寧願自掏腰包送孩子到私校。但讓您更痛心的是,即便如此,政府的思想控制最終還是滲透到了您所謂的「自由」教育體系之中。您的良心因此受到折磨,孩子也可能淪為社會的「賤民」。

我真誠地希望,您和像您一樣熱愛自由教育的人能夠堅持不懈地為之奮鬥。我相信只有當真正的教育自由得以實現,每一個家長和孩子,都能夠擁有公平、正義的教育機會時,我們才能真正稱得上是自由。讓我們一起為之努力吧。

我深知你所述的困境。我們每天都為年輕人的社會主義傾向而煩惱不已,也擔憂他們對宗教信仰的疏離和對軍事的狂熱追捧。這種可悲的心態無疑有其深層的原因。你那神學的、柏拉圖主義的、好戰的、煽動性的教育,難道和這種心態的形成沒有一點關係?我明白你不願意對此承擔責任,改變課程才是關鍵。

但我懇請你聽我說，不如你允許自由學校在國立學校之外自由發展，讓他們嘗試開設基督教和科學課程，結果好壞由他們自己承擔。這種試驗值得一試，也許會有意想不到的收穫。可是你卻想將其扼殺在萌芽狀態！這實在太可惜了。

從社會角度看，如果教師和家長都沒有自由，又怎能說教育有自由呢？早在 1844 年，梯也爾先生就指出：「公共教育是各政黨爭奪的最重要目標」。由此可見，如果教育體系仍受政府控制，各政黨為爭奪權力就會用盡手段操縱教育，誘惑他們的野心，這無疑會引起更多的鬥爭和動亂。

我們豈不知道，一旦政黨掌權，他們必然會用暴力手段將自己的觀點強加於全體人民，禁止任何異己觀點？這不正是透過法律手段實現暴力統治的一種表現嗎？難道我們不應當反對這種行徑，追求真正的教育自由嗎？

因此，我懇請你能夠擺脫既有的束縛，減少國家對教育的控制，大幅度擴大教育自由，讓各類學校和教育理念平等競爭，相互啟發，這才是教育發展的正道。只有如此，我們才能真正培養出豐富多彩的人才，而不是被特定政黨或派別的狹隘觀點所束縛。讓我們共同為之努力吧！

建立在強加特定思想觀念的國家教育制度之上的所謂「統一」，實際上是一種君主專制式的控制，與真正的民主自由背道而馳。如果確實存在著絕對正確且永不出錯的政治觀點，那或許可以讓政府來代替人民決定一切。但如果這樣的絕對存在只

第九章　學位與社會主義

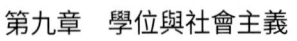

是一種虛幻,那麼我們就更不應放棄自己的思想自由和權利,而是應當努力擺脫愚昧,追求真正的自由。

國家教育機構常常試圖透過強制的方式,將特定的意識形態和方法強加於社會,限制人們的思想發展。即使國家更換統治者,這種以教育作為思想控制工具的做法也難以根本改變。結果是,思想領域遭受嚴重破壞,猶如劇場布景反覆更換,讓人民的良知淪陷。

我們不能接受這種以統一取代統一的惡性循環。因為即使在某個特定時期,國家教育制度確實達成了思想的統一,但這種統一往往建立在誤解之上──我們都自認擁有絕對正確的道德和智慧,因此擁有統治他人的權利。然而,歷史已經證明,沒有哪個統治者或政治派別是真正不會出錯的。相反,我們應該努力擺脫愚昧,保衛自己的思想自由和權利,這才是民主社會的應有之義。

國家的兩種統一:專制與理想

在人類的歷史中,存在著兩種截然不同的統一形式。一種是建立於暴力與蔑視之上的專制統一,另一種則是人類思想自然趨於真理的理想統一。

前者代表著少數菁英藉由武力壓迫，將自己的意志強加於人民之上。羅伯斯比爾、拿破崙等人都是這種統一的擁護者，他們以建立共和國、統一國民為名，實則是要將所有人置於專制統治之下。正如梯也爾所指出，這些人希望「用一種模子塑造全國所有青年人，就像鑄造硬幣一樣，按自己的設想打上自己的印記」。這種做法無疑是對個人自由和思想的蹂躪。

　　相反，第二種統一則是人類思想自由發展的必然結果。這是一種真正的理想化統一，源於人們內心對真理的自然追求。在古典時代的共和國中，人們最崇尚祖國，也最積極地獻身，因為國家對公民的道德和理想提出了嚴格的要求。這種統一並非強加於人，而是源於人性中最善良、最崇高的一面。

　　然而梯也爾先生也警示我們，不應將這種統一等同於暴政，反而要明白它對培養愛國精神的積極作用。我們不應詆毀國家以統一手段治理國家，但同時也不應盲目效仿那些精神錯亂的作法。關鍵在於找到一種在尊重個人自由的前提下，實現理想化統一的方式。這正是國家建設的永恆主題。

　　在這個充滿戰爭和暴力的世界中，人們常會被迷惑於古典時代所呈現的表面美好，而忽視了那個時代深層的野蠻與不道德。那些被人們所讚美的古代英雄，其實不過是靠掠奪和戰爭維生的人，他們將整個人類視為敵人，發動了持續的戰爭。而今天的社會，也似乎仍然沿襲著這樣的模式，將所有公民都像鑄造硬幣一般塑造成預先設計好的樣式。

第九章　學位與社會主義

　　這樣一種非自由的統一，是透過各種專制手段強加於人民之上的，而這正是自由黨所否定的。自由黨希望打破這個致命的模子，真正賦予人們自由，因為自由才是形成真正統一的土壤。但是，即使是自由黨，也深受古典教育的影響，沉浸於某種奇異的自相矛盾之中，寧願選擇某種人為的、死氣沉沉的統一。

　　究竟如何在自由與和諧之間取得平衡，是一個棘手的問題。人性本就親近真理、善良和有用的東西，如果正確的事物必然導致失敗，那麼我們所有的努力都將付諸東流。因此，我們必須破除那些桎梏人性的枷鎖，讓每個人都能自由地追求自己的利益，而這些利益又是彼此和諧的。只有這樣，人性的具體表現和共同利益的圓滿實現，才能真正實現。

　　當自由主義者擔心教士階層會侵蝕教育時，他們顯然對教育的未來抱有深切憂慮。然而，我相信只有在自由的教育體系下，教育才能真正得到解放，從而推動文明的進步。

　　首先，一旦教育擺脫了國家和教會的控制，它就會變得更加獨立和多元化。競爭激烈的自由學校將會在官方學校和教會學校之外茁壯成長，它們將不再被古典時代的知識所局限，而是追求真正有益於人類心智的知識。這些自由學校將著眼於探索和理解萬物本質，而非僅僅誦讀陳舊的理論。

　　其次，一旦教育擺脫了僵化的框框，教士們也將不得不改變自己的學習和教學方式。他們必須以科學、懷疑和哲學的態

度取代單純的教條主義,以滿足時代的需求。這種改革不僅會改變神學教育的內容,還會改變其教學方法,使之更加注重觀察事實、探究本質,而非盲目地接受權威。

最後,我相信這種教育改革所培養出的年輕一代,必將在理解力、判斷力和現實生活興趣等方面,遠遠超越那些狹隘的修辭學家和教條主義者。當這些有活力和生命力的年輕人承擔起時代的重任時,那些被灌輸教條的舊派分子必將淡出歷史舞臺,去學習符合時代需求的知識。

總之,自由教育的出現將為文明的進步開啟新的篇章。它不僅會推動教育內容和方法的變革,還會淘汰陳舊的思想,培養出更加適合時代的新一代。這正是自由主義者應該欣慰和支持的。

宗教統一與教育自由的追求

在教育自由的大潮下,科學勢必將被引入神學院,逐漸改變根深蒂固的思維習慣。這種變化必然預示著一場偉大的宗教革命,我們終將實現真正的宗教統一。

我們作為法國人,卻接受羅馬人的教育,在文化認同上產生了矛盾。這種矛盾同樣存在於宗教信仰之中。一方面,我們

第九章　學位與社會主義

內心深處感受到不可遏制的宗教力量；另一方面，理性思維又驅使我們疏離宗教。有學者曾言，「有學問的人總是最沒有信仰的人」，這一事實著實令人唏噓。

我們常聽人哀嘆人們宗教信仰日趨淡薄，更讓人不解的是，正是那些放任信仰最後火花熄滅的人，反而最顯露出不恰當的懷疑。他們要求別人放棄理性，而自己卻將理性視為特殊材料，對他人的道德要求嚴格得多。於是，人們出於敬畏，寧願逢迎假意虔誠，而內心深處的懷疑卻玷汙著整個社會。

但就算在這種扭曲的情況下，人們內心深處依然存在著永不乾涸的信念之源。問題在於，隨著時間的流逝，人們創造了種種機構、慣例和禮儀，最終反而遮蔽了宗教的本真。即使在教士心中，那些寄生性的機構除了與原始信念有關的基本教義，也難再支撐其存在。

因此，宗教統一的實現，關鍵在於放棄這些寄生性的機構。正如博須埃和萊布尼茲所討論的，17世紀的偉大學者其實早已洞見了這一點。教育自由必將成為實現這一宗教復興的最強大武器，最終，唯有這一宗教才能真正滿足人類良心的需求，拯救整個社會。

人類自古以來便一直渴望為自身的道德建構一個堅實的基礎。於是，我們創造了各種宗教機構，以上帝的名義來維護和發放道德教誨。然而，經驗告訴我們，這種無限權力很容易導致腐敗。因此，我們陷入了一個致命的對抗狀態——信念與理

性相互角力，試圖彼此壓倒。

　　牧師們不斷在神聖的真理之外新增錯誤，卻聲稱這仍是神聖的。而俗人在批判這些錯誤時，連真理也一併否定了。於是，宗教變成了迷信，哲學則充滿了懷疑。在這兩種極端之間，普通百姓無所適從，人類正面臨一個危機時期。政治的動盪讓整個社會陷入恐慌，人們又將投奔虛偽的虔誠。暫時的勝利讓牧師自以為得逞，但一旦平靜重臨，理性的正當性便再次顯現。這樣的無政府狀態何時才能終結？我們何時才能意識到，理性與信仰其實是一體的？

　　假如有一天，信仰不再是一種武器，牧師真正成為宗教的工具，而非追逐功名利祿；假如他們放棄種種虛偽和禮儀，真正關心人類的核心，那時，宗教和哲學將不僅是姐妹，而是密不可分的融為一體。我懷疑，為何教士如此強烈反對拋棄古典教育的老方式？難道他們就沒有理由這樣做？豈不是一個諷刺，法國的牧師竟然成了柏拉圖、賀拉斯、奧維德等觀念的最後捍衛者和傳播者？

　　我並不打算對他們有所指教。但我想引用一份教會人士辦的報紙中的一段話：是誰在教會學者中成為異教教育的辯護人？聖哲羅姆曾激烈抨擊學習研究異教徒的著作，認為這是危險的。但我們應該允許理性和信仰並行不悖，相互融合，共同指引人類走向和諧。只有這樣，我們才能終結這種無政府狀態，找到人性最深層的平衡。

第九章　學位與社會主義

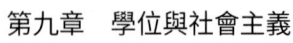

聖奧古斯丁曾經說：「那些簡樸的書籍，實際上比我後來精心學習的東西更有用，也更可靠。」他痛斥自己過去沉迷於虛構的神話故事，忘記了自己的罪孽。他語重心長地指出，這類「輕佻的書籍」在人們眼中卻比讓他學會讀寫的基礎書籍更可敬重。

聖奧古斯丁憂心忡忡地說：「就讓這些高雅文學的販賣者大聲抗議我的想法吧，我不會理睬他們的。我會竭盡所能擺脫我曾經走過的這條邪惡之路。」他指出，學習這些表達方式固然有用，但孩子們卻很容易被引上危險的道路。他更痛斥，即便知道這些神祇行為是錯的，青年人仍會受到誘惑去模仿。

聖奧古斯丁憂慮地說：「所有的孩子都被捲進你這來自地獄的洪流，這股洪流大多數都是那類應當受到譴責的習俗。這些習俗在那些領取我們給的薪水的官員們的眼皮底下，堂而皇之地招搖過市。」他質問道，這種可怕的道德失序狀態，究竟是個人的放棄自由意志，還是法律制度的強加？

聖奧古斯丁的控訴，實際上是對整個古典教育體系的一記重擊。他指出，青年人為了獲得學位，只須應付那些課程要求，卻不必刻苦鑽研其他知識。立法者難道不應該向大眾解釋，為何要採取如此荒謬有害的政策嗎？聖奧古斯丁的警示，至今仍是我們必須正視的深沉反思。

荊棘中的榮光
── 重新認識古代英雄形象

我們腦海中所鍾愛的古典英雄形象，很可能與實際歷史有著不小的差距。那些莊嚴肅穆、充滿正氣的圖景，往往掩蓋了他們更多血腥殘酷的一面。

從表面的英雄光環中拔出視角，我們會發現，這些號稱為國犧牲的人物，其實更多是在為自己的利益而戰。當羅馬人彌合內部分歧、征戰疆場，他們並非出於無私奉獻，而是在尋求自身的生存之道。保家衛國固然是他們的動機之一，但更多的是出於一種民族自豪感和尚武習俗所形成的勇氣。他們寧可視死如歸，也要捍衛自己的榮耀，而非真正為整個民族的幸福安寧而犧牲。

我們不能因為眼前優美莊嚴的形象，就盲目地憧憬和崇拜這些古典英雄。他們的確發揮了重要作用，推動了人類文明的發展，但我們必須客觀地看待他們的動機和手段。歷史不應被美化，而是要從現實的角度去認識和反思。只有這樣，我們才能真正吸取歷史的教訓，建構一個更加和諧、平等的未來。

數十年來，我一直在呼籲教育改革的必要性。儘管在一個純粹的軍事社會中也可能形成某些美德，如勇氣、獻身精神，以及視死如歸的氣概，但這些美德並不能抵消其所造成的巨大

第九章　學位與社會主義

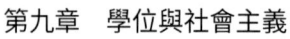

而永久的罪惡。我們必須區分那些為人類帶來福祉的美德,與那些破壞人性的行為。

我想強調的是,與從事工商勞動的民族相比,單純依靠掠奪獲取生存的民族,其自我犧牲精神並不比後者更優秀。相反,前者的行為更多地對人類造成了傷害。進而言之,即便有少數個人的令人讚嘆的行為,也無法彌補整個民族所造成的損害。

我們必須正視現實,意識到美國的獨立學院和大學制度與法國的大學制度存在著根本的差異。前者是自由的,學生擁有廣闊的選擇空間,可自主確定獲得學位的標準。後者則完全集中在一個由「大校長」和「最高理事會」統領的「大學」體系之下,完全控制著課程、教學方法以及學位授予的條件。

直到第三共和國時期,法國的教育才開始朝著自由化的方向改革。我在 20 年前的文章中就已經呼籲教育自由化,作為國家必須努力推進的改革之一。

現在,我們面臨著一個關鍵時刻。我們必須擺脫舊有的桎梏,追求一個更加自由、更加卓越的教育體系。只有這樣,我們的子孫後代才能真正成為具有高尚品德的公民,為國家和人類事業做出應有的貢獻。這是一條艱難而曲折的道路,但我堅信只要我們共同努力,必將最終抵達光明的彼岸。

在古羅馬的七座丘陵之中,有一處特別引人注目。這是最高的那座山丘,俗稱「Capitoline」山,在這裡矗立著古老神殿,

是羅馬人心目中的神聖之地。這裡曾經見證了許多動盪戰亂，也見證了羅馬強大的意志和追求自由的決心。從最初的王政建立到共和政的興起，再到帝國的崛起，這裡都留下了歷史的印記。

就在這片土地上，羅馬王政時期的第二代國王努瑪—龐皮里烏斯開創了一套完整的宗教制度，試圖以此鞏固統治。他深信，改變人的身心構造，才是建立國家的根本。之後，革新者如圖博瑞斯和蓋烏斯・格拉克也在這裡集結支持者，試圖推動政治改革。

可惜的是，他們最終都難逃悲慘的命運。但這並未阻止羅馬人追求自由和理想的步伐，如同法國大革命時期的自由之歌：「自由啊，你的狂暴有多少魅力啊，讓偉大的心靈為之傾倒！」

正如當代大師讚嘆的：「凡是準備建立一個國家的人，都必然感覺到自己有能力改變人性……」這正是羅馬人一再追求的夢想。

這座山丘見證了許多人追求理想、反抗暴政的故事，也見證了從王政到共和，再到帝國的全過程。正是這股不可磨滅的自由意志，塑造了古羅馬的力量和輝煌。即使最終覆滅，這片土地依然令人嚮往，因為它昭示著人類追求自由的不懈努力。

第九章 學位與社會主義

▌富裕的錯覺

讀者朋友們,本書在探討「財富」與「權力」之間複雜的關係時,常會提及一些歷史上著名的富豪和政治人物。其中最有代表性的要數古羅馬時期的 Catiline 了。

Catiline 是一位來自貴族家庭的羅馬政治家,他因兩次競選執政官職位失敗而導致極度沮喪和憤怒。為了報復,他策劃了一次武裝政變,意圖推翻現有的政治秩序,重新分配財富。但是這一陰謀很快就被執政官西塞羅識破,Catiline 的部隊最終在戰鬥中被擊潰,Catiline 本人也戰死沙場。

這個故事生動地展現了財富與權力之間的矛盾。Catiline 雖然出身高貴,卻因政治失意而淪為反叛者。他試圖透過武力手段來改變現狀,但最終仍然失敗,這充分說明了單靠金錢和暴力是無法真正獲得權力的。

另一位我們需要提及的人物是呂底亞國王 Croesus。他以雄厚的財富聞名於世,被西方人視為財富的代表。但實際上,Croesus 最終還是淪為波斯王朝的附庸。這說明單純追求物質財富並不能確保一個人的地位和權力。

正如 19 世紀初的法國政論家 Sudre 所指出的,單純的物質財富並不能帶來真正的自由和平等。相反,過度追求金錢和財富常常會導致社會撕裂,引發革命和動亂。我們必須以更加平

衡和理性的態度看待財富和權力之間的關係。

正如本書前面所提到的，瑞士法學家 Vattel 在其著作《萬國法》中倡導自由與平等的原則，這對後來國際法的發展產生了重要影響。我們要以此為借鑑，建立一種更加人性化和公平的社會秩序，在追求物質富裕的同時，也要維護個人尊嚴和社會公平正義。這才是實現真正富強的關鍵所在。

法國大革命的歷程中，充滿了矛盾與反轉。一方面是人民反對獨裁專制的呼聲高漲，爭取自由平等的訴求不斷推進；另一方面，革命的狂熱也孕育了無情的暴力鎮壓，導致了大批人民的流血犧牲。

在旺代地區，卡里耶（Jean Baptiste Carrier）建立起了不人道的「革命法庭」，將大量囚犯送上斷頭臺、火刑場，甚至使用了令人髮指的「溺刑」——將囚犯淹死在盧瓦爾河。這些手段無疑是殘酷而令人髮指的。而卡里耶本人也最終在同年 11 月被送上斷頭臺，遭到了革命的報應。

但是在這片血雨腥風之中，也聳立著一些堅持民主與正義的英雄人物。如羅馬傳說中的斯凱沃拉（Scaevola），他寧願將手伸入祭壇烈火中也不屈服於敵人。又如吉倫特黨人拉博（Jean Paul Rabaut Saint-Étienne），他寧願被送上斷頭臺也不放棄自己的信念。

這些英雄人物的故事，突顯出民主自由在動亂中的固有光輝。即使在艱難險阻之中，也不能熄滅人民爭取自由的熊熊烈火。

第九章　學位與社會主義

革命的過程中,也孕育了一些重要的制度創新。如 1792 年 12 月 16 日建立的「Quinze-Vingts」收容院,為窮苦的盲人提供了居所和生產場所,彰顯了革命的人文關懷。又如 1794 年 11 月 21 日,革命政府大赦囚犯,展現了民主政府的仁慈本色。

種種事例表明,法國大革命既是一場血腥暴虐的動亂,也是一次民主自由思想的偉大解放。在充滿矛盾與反轉的革命洪流中,不同的價值取向交織呈現,令這段歷史更加複雜而精彩。

在探尋西方宗教思想的源頭時,我們不得不提到這樣一個人物——Barthélemy Prosper Enfantin。他是法國工程師,也是聖西門主義的創始人之一。聖西門主義是一種革命性的社會改革思想,旨在建立一個以科學治國、人人平等的理想社會。然而,這樣的理想最終還是在現實中碰壁,Enfantin 的嘗試也遭到了失敗。

「普羅克汝斯忒斯之床」這個詞,生動地描述了強加於人的不公與不合理。在希臘神話中,阿蒂卡巨人普羅克汝斯就是這樣一個殘暴的角色,他專門羈留旅客,將他們綁在床上,身體比他的床長就截短,比他的床短就拉長。這無疑是一種極度殘酷的行為,與人性尊嚴背道而馳。我們不得不反思,現實中是否也有類似的情況,某些意識形態或制度被強加於人,壓制了個體的自由與發展?

我們回顧西方宗教思想的發展,從《聖經》到拉丁教父,再到中世紀神學大師,似乎隱含著一種統一、歸一的趨勢。比

如博須埃認為，各個宗派都應該回歸羅馬天主教會。這是否意味著，在宗教領域，人們一直希望找到一種統一、標準化的答案？然而，歷史告訴我們，這樣的企圖往往難以實現，反而容易陷入教條主義的陷阱。

或許，我們應該以更開放、寬容的態度看待宗教思想的多元化。正如《聖經》學者奧利根、特土良和聖艾蘭納烏斯等人的貢獻，他們為基督教神學奠定了基礎，但同時也保留了思想的活力和多樣性。聖奧古斯丁的《懺悔錄》更是一部震撼心靈的經典著作，在探索人性的同時，也對宗教信仰提出了深入的反思。

在這些古老的敘事中，我們不僅可以找到宗教思想的淵源，更能感受到人性的真摯與思想的博大。這些智慧的結晶，不僅屬於過去，也依然在指引著我們的今天和明天。讓我們以開放和尊重的態度，去重溫這些歷史的瑰寶，從中汲取養分，共同譜寫屬於我們這個時代的精神史。

第九章　學位與社會主義

第十章

反對政治經濟學教授的戰爭宣言

第十章　反對政治經濟學教授的戰爭宣言

經濟教育的崇高使命

我理解您對政治經濟學教授的顧慮。在一個理想的國家，教育理應反映並服務於政府的制度和政策。然而，教育的本質卻是追求真理，啟迪思想，這往往與政治利益存在張力。

政治經濟學教授所追求的，正是客觀理性地分析經濟現象，而非簡單地為某些利益集團辯護。他們的課堂上，理應呈現各種經濟理論和政策的利弊分析，而非單方面的宣揚。因為只有多元的視角，學生們才能真正掌握經濟規律，做出明智的判斷。

當然，我們也不能忽視教育必須適應社會現實的事實。教授們在講授時，確實應該適度兼顧現有政策的合理性。但關鍵在於，他們必須保持客觀、獨立的學術立場，勇於質疑和批判，而非簡單地迎合權威。

只有這樣，經濟教育才能真正發揮其崇高的使命 —— 培養具有批判思維和社會責任感的公民。這不僅造福個人，也造福整個國家和社會。我相信，只要我們堅持這個原則，經濟教育就一定能為國家建設做出應有的貢獻。

這些學者存心要跟政府作對，破壞國家的貿易保護政策，因此應該受到譴責。

如果經濟學家們繼續宣揚自由貿易的理論，必將導致這些理論被輿論所接受，進而付諸實行，造成農業、商業和工業的

毀滅。我們必須堅持貿易保護政策，禁止自由貿易理論在大學中教授，因為這些理論都是虛假而有害的。

即便是在英國和義大利，也出現了許多經濟學家支持自由貿易的情況，這令他感到非常痛心。如果不能阻止這些學者的活動，他們必將動搖人們的思想，導致國家遭受嚴重的損害。

而瑞士作為自由貿易國家而繁榮興盛的情況也令我感到很是困擾。這只是因為瑞士是個小國，而不是自由貿易本身的功勞。只有透過禁止自由貿易理論在大學中傳播，才能挽救國家的經濟命運。

揮別了久經沉重的貿易保護政策，西班牙正面臨著一股新的威脅——崛起中的經濟學思想。儘管貿易保護曾帶來一些表面上的繁榮和發展，但現在卻出現了一些嶄新的聲音，呼籲引入自由貿易理論以提升國家收益。

這些經濟學家，如拉薩格拉、弗洛雷茲・埃斯特拉達和薩拉曼卡等人，他們一致主張透過自由市場的力量來改善西班牙的經濟形勢。但我們不能容忍這些經濟學者的陰謀。他們的動機可能並非自私，但他們的想法卻如此一致，令人不安。難道經濟學家就像幾何學家一樣，對某些基本真理有著共識嗎？這實在太危險了。

我們必須遠離這些新興的經濟學理論，回歸我們熟悉的古老傳統。對於大學而言，不應該中立地教授不同的經濟思想，因為一旦接觸了自由貿易的理論，學者們很可能很快就會被其

第十章　反對政治經濟學教授的戰爭宣言

吸引。不如乾脆廢除這些政治經濟學的教職，只留少數。這樣可怕的科學若是四處蔓延，必定會毀滅我們四分之一的人民。

不如讓我們專注於古希臘和拉丁文的文雅教育，讓年輕人沉浸在田園詩和歷史英雄人物的世界中。我們無需教授什麼勞動和交換的法則，因為羅馬人早已教導他們蔑視勞動，這是奴隸的工作。只要培養他們對自由和財產權的崇拜，即使稍有共和主義傾向，也可用善意的警察來控制。但是，面對這些經濟學家的顛覆性理論，我們該如何應對呢？他們竟然厚顏無恥地認為，人擁有自己勞動成果的交換權利！這實在太過危險，必須盡快遏制。

▎創造與破壞：一場經濟思想的博弈

在充滿矛盾與激烈辯論的經濟學界，我們看到兩派思潮正在展開一場扣人心弦的博弈。一方是堅持貿易保護主義的米默勒爾委員會，他們試圖限制自由貿易的教授資格；另一方則是巴斯夏及其同仁，他們竭力捍衛經濟學的自由精神，反對這種政治干預。

這場論戰的根源可以追溯到3年前，當時米默勒爾委員會正式要求解僱支持自由貿易的政治經濟學教授，取消相關教

席。不過他們後來稍為妥協,只要求在教授自由貿易理論的同時,也必須教授貿易保護理論。

巴斯夏顯然對此深感不安。在1847年6月13日的報紙上,他以滲人的諷刺筆鋒回應了這一要求。這無疑是他為本書《學位與社會主義》撰寫的初步構想。

這一論戰並非單純的學術之爭,背後更蘊藏了決定經濟命運的意識形態之戰。正如巴斯夏所言,米默勒爾委員會代表著一種「實用唯心論」,而他與同仁則致力捍衛政治經濟學的本質,即 J.B.Say 所倡導的生產、分配和消費三論。

在這一過程中,各路經濟大家紛紛登場。法國經濟學家 Jérôme Adolphe Blanqui、Pellegrino Luigi Eduardo Rossi,以及 Michel Chevalier 等都成為這場論戰的重要角色。他們各自以獨特的視角,譜寫著這場經濟思想的交鋒。

這樣的爭論不可能一蹴而就。它涉及到根深蒂固的意識形態,牽扯到既得利益集團,更是關乎經濟發展的未來方向。我們只能靜待風雨飄搖中經濟學的新天地能否從中崛起。

在這段書籍草稿中,我們看到了許多歷史人物,他們不僅是哲學家和政治家,同時也是經濟學家。他們為經濟學的發展做出了重要貢獻,並展現了啟蒙運動的理念。

首先出現的是斯圖爾特(Dugald Stewart)和里德(Thomas Reid)。他們創立了「常識學派」,在蘇格蘭哲學界產生了重大影響。尼森(Nassau William Senior)則是英國政治經濟學的先驅,

第十章　反對政治經濟學教授的戰爭宣言

擔任了牛津大學第一位政治經濟學教授。

在義大利，我們看到了格諾維西（Antonio Genovesi）和貝卡利亞（Cesare Bonesana de Beccaria）。格諾維西是自由主義者和洛克的信徒，代表了啟蒙運動的精神。貝卡利亞則是著名的哲學家、刑法學家和經濟學家，其著作《犯罪與懲罰》成為經典著作。

再往西班牙看，我們遇到了拉聖賈拉（Ramón de La Sagra）和弗洛雷斯—埃斯特拉達（Álvaro Flórez Estrada）。拉聖賈拉的著作涉及社會經濟，而弗洛雷斯—埃斯特拉達則是19世紀上半葉最著名的西班牙經濟學家。

除此之外，我們還看到了一些政治家和企業家，如薩拉曼卡（José de Salamanca y Mayol），他曾擔任西班牙財政部長，同時也參與建設了西班牙的鐵路線。

這些歷史人物的足跡遍及歐洲各地，他們不僅在哲學和政治領域有所建樹，也在經濟學方面做出了重要貢獻。他們展現了啟蒙運動的精神，推動了現代經濟思想的發展。他們的思想和學說，對後世影響深遠。

第十一章

勞工組織權利辯論

第十一章　勞工組織權利辯論

　　同事們，我們今天面臨一個重要的問題——如何平衡資方利益和勞工權利。毫無疑問，這是一個棘手的議題，需要我們仔細權衡。

　　作為一名資深議員，我理解保護產業秩序的必要性。但同時，我也認為工人組建工會、集體談判的自由權利是不可或缺的。正如我敬重的同事莫蘭先生所言，如果剝奪了這些基本權利，工人將無法與僱主進行體面的薪資談判。這顯然是背離了民主和自由的原則。

　　正如大家所知，《刑法典》第44條禁止任何形式的聯合行為，無論是僱主還是工人，一旦有此類企圖或行為，即屬違法。而我們的同事瓦特默斯尼爾先生對此做出解釋，他說工人完全可以透過指定委員會的方式與僱主溝通，這並不違法。這一解釋似乎暗示，單純的結社和集會本身並不構成犯罪。

　　誠然，我們都希望維護社會秩序，懲治犯罪行為。但我疑惑，工人為爭取自身權益而採取的合法手段，究竟哪裡有錯？是否僅僅因為他們選擇了集體行動，就妄加罪名？

　　我認為，在平衡各方利益時，我們不應該以偏概全，更不應該憑一時之氣濫施法律制裁。相反，我們應該本著寬容和理解的精神，為工人維護應有的結社自由和集體談判權利。只有這樣，我們才能真正實現經濟發展和社會公平的雙贏。

團結必須為工人權益而戰

團結是為了維護自己的權益,並非犯罪。工人有權利透過團結一致的方式,來爭取更合理的薪資和工作條件。這並不意味著他們就是在做犯罪的事情。

即使一群人組織起來,採取集體行動,這也不應該被視為犯罪的開端。只要他們的行動手段是合法的,例如靜坐罷工、和平請願等,這是他們合法的權利。相反,只要行為本身是無罪的,即便涉及人數增多,也不應該因此就被定為犯罪。

一個人有權在薪資水準不合意時拒絕工作,這是他的自然權利。如果一個人可以這樣做,那麼幾千人一起這樣做,也是他們的權利。這不是什麼犯罪行為,只是他們為了維護自己的利益而採取的手段而已。

如果工人的訴求是合理的,他們選擇團結一致來爭取,這並不意味著他們就是在做壞事。相反,正是團結才能讓弱小的個人得到應有的尊重和權益。我們不應該將這種團結視為犯罪的開端,而是應該支持他們為自己權利而戰的勇氣。

我理解您對工人自身利益以及整體社會利益的關切。我們確實需要在個人自由、企業利益與社會公正之間取得平衡。

您提出了一個關鍵問題——究竟是應該允許工人自由聯合以維護權益,還是完全禁止聯合?我認為兩者都不是最佳選擇。

第十一章　勞工組織權利辯論

　　我們應該正視工人在資本主義社會中的弱勢地位。僱主擁有資本和主導權，工人被迫依賴出售自己的勞動力維生。在這種情況下，單個工人與僱主談判地位明顯不對等。只有透過團結一致的集體行動，工人才能得到一定的談判籌碼和議價能力。

　　然而，過度激烈的罷工手段確實可能對社會整體造成一定損害。因此，我們需要建立一套制度化的勞資協商機制，鼓勵雙方以理性、和平的方式解決矛盾。不應簡單地禁止工人聯合，但也應要求他們在合法、理性的框架內行使權利，避免極端行為的出現。

　　同時，我們也要注意到，工人權利的維護不是一蹴而就的。需要透過循序漸進的方式，由政府、企業和工人三方共同努力，建立起更加公平合理的勞資關係。這需要時間和耐心，但只有這樣，我們才能真正實現社會公平正義，達成共同繁榮的目標。

　　在勞資雙方的權利爭奪中，法律應該採取中立和平等的立場。雖然你們承認工人群眾的聯合是更容易發生的，但法律不能僅以此作為偏袒一方的理由。反之，法律應該慎重考慮各種細節情況，設法在各方利益間維持平衡。

　　你們自己亦承認，在立法機構的治下，僱主較難聚合一致，而工人的集體行動卻更容易引起關注。然而，這並不意味著法律就應該重點打擊工人一方。因為一旦任由一方脫離法律監管，另一方勢必受到不公平對待，薪資水準也將受到不合理的影響。

我認為,既然無法制定完全公平的法律,不如給予雙方充分的自由,讓他們在自由競爭中尋求真正的平等。或許委員會提出的方案未能完全達到這一目標,但至少在表面上應該展現出這種平等。

　　我注意到,刑法第414條和第415條在措辭上就存在差異。前者針對僱主的行為使用了「強制」一詞,給予了一定的法律漏洞。而後者則更為簡單直接,對工人的集體行為予以禁止。這種立法上的不平等,恐怕難以真正實現勞資雙方的公平對待。

　　綜上所述,法律在維護勞資關係平衡中責無旁貸。它不應偏袒一方,而是要公正地規範各方的行為,給予雙方真正的自由和平等。只有這樣,才能確保勞資關係的和諧發展。

當代勞工爭議中的公平與正義

　　自由主義固然重視個人權利和自由,但並不等同於完全放任的理論。即便在追求自由的同時,我們也必須遵循公平正義的原則,確保制度的合理性,切實保護弱勢群體的利益。否則,即便表面上維護了自由,實際上也可能造成新的不平等和壓迫。

　　正如我在會議上所指出的,委員會在制定法規時,刻意將「不公正」和「濫用」等字眼剔除,隻字不提,卻將「強制」一詞

第十一章　勞工組織權利辯論

反覆強調。如此一來，工人權利的保護就變得異常模糊和不確定：法律究竟要禁止什麼？什麼行為又會被視為違法？無法清晰界定，導致法律的適用陷入了困境。

更令人不安的是，這種做法明顯有一些偏頗和不平等之處：對於僱主而言，可以據此為自己的行為開脫；而對於工人來說，卻沒有同等的保護機會。這從側面反映了委員會在立法考量中，存在著明顯的偏頗和不公。

正如莫蘭先生所言，任何具備理智的人都不能不同意公平正義的基本原則。制定勞動法律時，我們理當本著中立公正的態度，充分考慮雙方的利益訴求，權衡分析利弊得失，而不應片面迎合某一方的訴求。只有建立在正義公平基礎之上的法律，才能真正維護社會整體的和諧穩定。

我相信，只要我們堅持正義公平的立場，並以此作為制定法律的指引，定能找到充分保護工人權益，同時又不會過度束縛自由市場運作的平衡點。這才是實現社會公正、促進和諧發展的正確道路。

法律是為了維護社會公平正義而制定的，但它的效力和公正程度一直是備受爭議的話題。問題的關鍵在於，法律到底是應該嚴格限制於鎮制脅迫和暴力行為，還是應該涵蓋更廣泛的不公義行為？

有些人認為，只要法律能制止強制性的犯罪行為，它就已經是公正的了。但事實卻往往並非如此簡單。許多無知和善良

的人也可能因為不了解法律條文而違法，而法律既是針對平庸百姓訂立的，也是為了教育知識分子的。人們讀完法律後應當能夠直覺地認為「這確實是犯罪行為」，這才是法律應有的公正基礎。如果法律過於晦澀難懂，或是脫離人們的常識和良知，又怎能期望人們真心遵守呢？

當然，評判法律的公正性並非易事。我們可以參考英國的經驗作為比較。過去英國曾經頒布了 37 部極嚴厲的法令，企圖控制工會運動。但結果事與願違，反而造成了更為惡劣的局面。直至 1824 年，他們終於醒悟，選擇了「公正與自由」的更簡單的解決之道。隨後，英國通過了一部新法律，廢除了所有有關工會的舊法，賦予人們完全自由聯合的權利，僅保留了對暴力行為的嚴厲懲處。這個案例最終成為一個很好的示範，說明了法律必須建立在公正和自由的基礎之上，而非僅僅靠強力鎮壓。

因此，我們認為，一個真正公正的法律體系，應該不僅僅局限於遏制暴力和脅迫，而是涵蓋更廣泛的不公義行為。只有這樣，法律才能真正贏得人們的尊重和遵守。

英國在 19 世紀初期面臨著工人群體權利與自由原則之間的微妙平衡。一方面，英國的法律明確賦予了人們以最廣泛、最完整的自由，允許工人自由組織工會；而另一方面，卻面臨了工人團體被指可能發展為具有政治性的組織，引起了社會擔憂。

這種矛盾的局面，在一系列重大歷史事件中得到了清晰呈

第十一章　勞工組織權利辯論

現。1825 年,英國頒布了明確賦予工人自由組織工會的法律。這展現了英國重視自由原則的立場。然而,隨後 1832 年和 1842 年的罷工潮,卻引發了社會對工人團體的疑慮。這些罷工往往發生在糧食歉收、饑荒等經濟困境時期,不可避免地帶來了暴力事件。

面對這種情況,英國政府並沒有急於限制工人團體的權利。它意識到,在一個自由的國家,工人組織工會是不可避免的事實,關鍵是要懲治那些搞恐嚇和暴力活動的人,而不是打壓整個工人團體。英國政府相信,只要堅持自由原則,工人組織在長期發展中也會逐漸趨於理性和有序。

可以看出,在這一歷史關鍵時期,英國政府採取了相對開放和包容的態度,試圖在工人權利和社會秩序之間尋求微妙平衡。這種策略在一定程度上緩解了社會矛盾,為英國工業革命的長期穩定發展奠定了基礎。英國政府的睿智選擇,為其他國家提供了寶貴的經驗借鑑。

工人運動的曙光

工人們對現況的反思是一個曙光,不僅讓他們看清了問題,也使我們得到了寶貴的啟示。從英國工人的這種簡單而自

然的行為中，我們看到了一些非凡的東西，甚至可以說是將對法國缺乏普選權的抗議帶到了這個講壇。

工人們終於明白，是法律而非僱主決定了他們的薪資水準。他們意識到，要改變薪資待遇，關鍵在於擁有政治權利，從而能夠影響制定這些法律。這是一個值得肯定的進步，工人們不再盲目怪罪僱主，而是將目標指向掌握立法權的貴族階層。

此時，英國正面臨馬鈴薯枯萎病、農業歉收、鐵路狂熱、革命和工業品出口受阻等一系列危機。但值得慶幸的是，這些危機並未歸咎於工會或其暴力活動。工人們已經從過往的教訓中吸取經驗，學會放棄暴力行為，我們也應以此為鏡，反思自己的做法。

我最關切的，是如何在堅持法治的同時，不忘正義的含義。如果單純依據現行法律起訴工人，他們必定會感到委屈，並將問題歸咎於社會、老闆和司法體系。但若按照莫蘭先生的理論，工人無需為合法的要求負責，僅需為使用暴力手段而受罰。這種做法更能彰顯司法的公正性和公平性，讓工人低頭認錯，從而產生積極影響。

整體而言，這次事件為我們贏得了寶貴的經驗。我們應該以更開放、包容的態度，傾聽工人的訴求，引導他們走向合法理性的道路，共同推動社會進步，實現真正的公平正義。

先生們，我再次提出一些想法以完成這次發言。在我看來，勞動階級討論的許多所謂重要問題，實際上是由於被誤導而產

第十一章　勞工組織權利辯論

生的。我想敦促大家注意這一點：在一個存在著等級社會的國家，最高階層常會自稱擁有某種特權，而較低階層則希望取得主導地位。在這種情況下，革命隨時可能發生。較低階層會呼籲其他階級協助實現公平正義的理想。但革命後，新的掌權者通常也會賦予自己一些特權，這種情況一再重複。

我深感痛心，但這也很正常。每個人都渴望透過獲得特權來彌補自身遭受的不幸。無息貸款、就業權等要求，都可視為新的特權。然而事實上，若要讓所有人都能享有這些特權，代價必將由我們自己人民承擔，他們不僅無法獲益，反而要承擔一切費用。因此我要求立法公會與這些要求作鬥爭。你們必須正視這些訴求的真誠性，而如果勞動階層要求的是正義和自由，你們卻拒絕，那麼你們又如何抵制那些特權要求呢？

我相信，只有你們能夠公正地對待所有階層，尤其是勞動階層，你們才能獲得真正的力量和人民的信任。我支持莫蘭先生的提案，因為它基於原則，這是唯一能夠贏得人心、獲得大家認同的方案。自由雖可能使國家遭受挑戰，但只有自由才能啟發民眾，否則只有壓迫。我相信，只有建立在自由、團結、尊重法律和保障各方利益之上的制度，才能真正持久。讓我們為之努力，共創一個更公正、更自由的新國家秩序。

在 19 世紀中葉的法國，《刑法》第 413、415、416 條以一種很不公平的方式懲罰僱主和工人結成聯盟。一些有遠見的改革者意識到這種不公平，並試圖推動修法，建立僱主和工人間的

法律平等。

立法公會向一個委員會提出了廢除這些條款的議案,但該委員會裁定不能廢止,認為這些壓制性措施是必要的。不過,委員會同意修改條款,以求更加公正。然而,委員會提出的修正案卻沒有真正達到這一目標。

來自德雷默的製造商和議員莫蘭堅信,只有建立在法律面前的平等基礎上,工人與僱主間的和諧才能真正實現。為此,他希望根據這一原則修改委員會的結論。在議會1849年12月17日的會議上,巴斯夏發言,支持了莫蘭提交的修正案。

可惜的是,巴斯夏不久後就因肺結核去世,未能親眼見證他的努力是否最終取得成果。不過,他的呼籲為後來的改革鋪平了道路。

值得一提的是,支持這些修正案的人並非毫無背景。法國公共教育部長瓦蒂梅斯尼爾曾表現出對教會的同情,並在七月革命後支持了路易・菲力浦。而英國政治家和自由主義改革家休謨,則是詹姆斯・穆勒和傑裡米・邊沁的追隨者,長期致力於廢除有利於僱主的工會組織法律。律師杜特爾和極左派政客格雷普羅也先後加入了這一陣營。

可以說,這一場關於平等與正義的鬥爭,凝聚了當時法國乃至歐洲各界的改革力量。儘管一時未能取得勝利,但他們的理念和努力,最終還是推動了社會進步,為工人維權事業開闢了新的道路。

第十一章　勞工組織權利辯論

第十二章

民主抉擇

—— 莫蒂默特爾諾克斯修正案之評析

第十二章　民主抉擇—莫蒂默特爾諾克斯修正案之評析

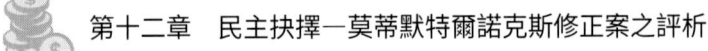

　　我的確不認為自己弄錯了什麼。作為一個真正熱愛民主的人，我卻常常發現自己的觀點與那些自稱民主代表的人大不相同。這究竟是因為民主一詞有著截然不同的含義嗎？讓我來為大家闡述一下我的看法。

　　我認為，人們對於改善自身的物質、精神和道德環境的願望，與上天賦予他們實現這些期望的能力之間有著密切的連繫。因此，我希望每個人都能對自己負起責任，自由地支配、安排和管理自己的人身、行為、家庭、事業、社團、智慧、才能、勞動和財產。這就是美國人所理解的自由和民主。在那裡，每個公民都時刻警惕著捍衛自己的獨立自主。正是這種自由，使窮人得以脫貧，富人亦能保全其財富。這套制度在很短時間內就令美國人達到了卓越的成就、安全、富裕和平等，創造了人類歷史上無可匹敵的偉業。

　　當然，即使在美國，也有一些人毫不猶豫地侵害同胞的自由和財產權以謀取私利。因此，制定法律就是為了防範和遏制這種侵略行為，藉助公共警察的暴力手段。在維護這種暴力時，每個人都盡自己的一份力。法律並非犧牲一部分人的自由以維繫他人的生存，而正相反，法律是保障所有人自由的最簡單、公正、有效和經濟的手段。政治中最棘手的事，就是防範那些被授予使用公共警察暴力的人，不會做起他們本應阻止的事情。

　　然而，法國的民主人士卻似乎從截然不同的角度看待這些

問題。毫無疑問，他們也反對和蔑視個人之間的侵奪行為。但令人費解的是，儘管如此，他們竟將這種侵奪的權力授予法律和公共警察部隊，作為實現財產平等的手段。而我們本來建立法律和警察的目的，正是為了防範這種侵奪行為。

簡而言之，一方面是美國的民主人士，他們將懲罰個人之間的侵奪行為的權力授予公共警察，並小心翼翼地防範這種力量不會蛻變為侵奪性的力量。另一方面，法國的民主人士卻恰恰利用這種力量作為侵奪的工具，並以種種冠冕堂皇的名號，如組織、合作、友愛、團結等包裝之。由此，他們對最殘忍的欲望也無所顧忌了。這一點正是他們所設計制度的基礎和本質。我由衷地希望，每個人都能真正理解和擁護民主的本質，而不是被虛幻的口號所迷惑。

我們身處這樣一個國家，正義和平等在法律中嚴重失衡。每年有30萬孩子年滿12歲，但只有1萬人能進入國立大學和高中。這些孩子的父母大都是這個國家最富裕的人，理所當然要承擔孩子的飲食、教育和培養費用。然而，他們卻運用法律手段，對酒類和鹽類徵稅，將從29萬個窮人家庭搜刮來的錢，透過各種方式分配給更富裕孩子的家庭。這種以法律之名的掠奪行為，不僅嚴重違背了公平正義的原則，也顛覆了立法機構應當捍衛公民權利的神聖職責。

我曾對選民承諾，政府的職責就是確保每個人的權利不受侵犯，並僅要求最低限度的賦稅。如今立法機構竟然宣告，窮

第十二章　民主抉擇—莫蒂默特爾諾克斯修正案之評析

人必須為富人子弟的教育買單，這無疑是對人民的赤裸裸的欺騙。極右人士可以為了維護自身利益而支持這種掠奪性法律，但極左人士竟也認為這是實現共產主義平等的好機會，真是可悲！

我想直接對那些貧窮的農民、誠實的工匠和善良的工人們說：我們理應擁有一個維護人人平等權利的政府，而不是淪落到為少數富人服務的地步。我們必須團結起來，揭露這個醜惡的制度，共同爭取正義和公平！讓我們攜手重建一個屬於人民的國家吧！

我深深感到自責，因為我無法像你們當初選我時所期望的那樣為你們服務。就在上個月，我投票支援增加鹽酒稅，目的是要為那些把孩子送到國立學校的少數國民提供援助。但我明白，這一決定必定會引起你們的反對和不滿。

與此同時，我還不得不告訴你們，接下來你們將被要求交納更多的賦稅，但實際獲得的自由卻要比以前少。這些都是我的錯。我背離了當初選我時，我所持有的政府治理理念。我深感羞愧，不願意對那些曾經信任我的人說出這樣一番話，把自己置於如此可悲和可笑的境地。

我知道，你們此刻一定會對我的所作所為感到極度失望。但我想請求你們能夠理解，作為一個政客，我也面臨著艱難的抉擇和兩難局面。有時，為了達成一個更大的目標，不得不在一些細節上作出讓步和妥協。我並非故意要背離自己的承諾，

而是因為現實的需要不得不如此。

　　我希望，儘管我的所作所為令你們失望，但你們仍然能夠繼續給予我你們的支持和信任。我會努力不負你們的期望，在未來的工作中，為你們謀求更多的利益和福祉。相信只要我們攜手合作，定能共同建設一個更美好的未來。

第十二章　民主抉擇－莫蒂默特爾諾克斯修正案之評析

第十三章
雙向貿易中的收益

第十三章　雙向貿易中的收益

貿易差額是一個常見的觀念，很多人對此有一些誤解。我們知道，如果一個國家的進口額大於出口額，通常被認為是遭受逆差損失；反之，若出口額大於進口額，則為貿易順差收益。這種說法在許多法律中都被奉為公理。

但這樣的觀點其實是過於簡單化了。正如我所舉的例子，一筆貿易交易的本質並不是單純的收支差額，而是雙方都可能獲得收益的過程。我在波爾多生產葡萄酒，然後將其出口到英國利物浦，那裡的酒價更高。我用所得的利潤再到利物浦購買煤炭，回到波爾多後可以賣出更高的價格。從表面上看，這筆交易產生了 40 法郎的貿易逆差，但事實上這卻是我的收益所在。

莫居安先生等貿易保護主義者錯誤地認為，只要進口額大於出口額，就必然意味著要用現金彌補差額，因此是一種損失。然而他們忽略了企業做生意的本質——比較不同市場的價格，尋求利潤機會。只有當我確信出口商品返回時能得到更高的價值，我才會進行這樣的交易。這就是雙向貿易的本質所在，每個參與者都可能獲得收益。

我後來後悔沒有再等待一段時間，因為波爾多葡萄酒價格下跌，利物浦價格上漲，如果我再等待，我可能獲得更大的收益。但莫居安先生卻告訴我，這樣做反而會蒙受更大損失。很顯然，他對貿易的本質有著根本性的誤解。

我們需要重新了解貿易差額的本質，它並非簡單的收支差額，而是參與者雙向獲益的過程。我們不應該被表面數據所迷

惑，而是要深入理解貿易的本質機制。只有這樣，我們才能制定出更合理的貿易政策，促進各方共同繁榮。

我從那次的失敗經歷中深有感觸。再者，我也明白了原來政治家們看待商業問題的角度，與實際經營者截然不同。

一方面，政治家們如莫居安先生，過於著眼於宏觀的貿易平衡，恐怕會做出扼殺自由貿易的錯誤決策。他們指望藉由限制進口，維持出口優於進口的狀態，似乎是為了保護本國利益。然而，這種做法實際上會損害商人自由經營的權利，阻礙了經濟的自然發展。

另一方面，我們作為實際從事貿易的商人，更應該珍惜自由經商的機會。即便偶有失意的時候，我們也應該勇於承擔風險，從中汲取教訓，而不是期待政府來保護我們。畢竟，只有讓每個人都為自己的行動負責，才能真正培養出自由貿易的氛圍和習慣。

我想，政治家和商人之間的矛盾，源於他們對自由的理解並不一致。政治家們可能把自由等同於保護，而忽視了自由的另一面──承擔責任。作為商人的我們，必須用實際行動來告訴他們，真正的自由不僅在於無憂無慮地經營，更在於能勇於面對失敗，從中吸取經驗。只有這樣，我們才能建立起健康穩定的自由貿易秩序，造福整個國家。

在當時的英國下院，如果有人宣稱「中國的出口總值超過了進口總值」，議員們恐怕都會感到有問題。他們堅信，進口額大

第十三章　雙向貿易中的收益

於出口額對國家發展是非常重要的。這正是英國人長期支持自由放任政策，致力於恢復自由貿易的原因所在。

然而，在 1850 年的總開支預算討論中，法國政治家莫居安先生卻天真地闡述了一個完全錯誤的貿易平衡理論。儘管法國經濟學家巴斯夏在其著作《經濟學的詭辯》中已經駁斥了這一點，但莫居安仍堅持自己的觀點，引發了一場激烈的論爭。

這位法國律師和演講家名叫法蘭索瓦・莫金（Francois Mauguin, 1785 － 1854），他是一名堅定的自由主義者，曾為許多他認為受到政府迫害的人士進行成功的司法辯護。1827 年，他首次當選議員，在路易・菲力普的統治時期聲名鵲起。

另一名參與這場論辯的人物是奧古斯特・阿道夫・達布萊（Auguste Adolphe Darblay, 1784 － 1873），一位法國實業家，在 1840 年至 1848 年間擔任過議員。

還有一位名叫路易・勒布夫（Louis Lebeuf, 1792 － 1854）的金融家，他是一名堅定的貿易保護主義者，曾經領導過保衛國內工業委員會，先後於 1837 年和 1852 年當選下院和上院議員。

第十四章
盲目阻擋自然光的代價

第十四章　盲目阻擋自然光的代價

尊敬的議員閣下，

我們作為蠟燭製造商及照明用品生產者，謹此向您陳情。我們目睹了外國競爭對手——自然光線的猛烈衝擊，不得不向您求助。

那位無所不在的自然競爭者凌駕於我們之上，以極低的成本向國內市場輸入光線，使我們的生意蕭條，法國照明工業陷入停滯。我們擔心，這位競爭者背後有英國人的陰謀，試圖毀滅我們這個愛國的工業部門。

因此，我懇請您能夠立法，強制關閉一切能讓自然光線進入室內的管道，包括窗戶、天窗等，迫使大眾使用我們的人工照明產品。這不僅可以挽救我們的事業，還可以帶來更廣泛的好處：

加大對動物油脂、植物油脂的需求，從而促進相關農業產業的蓬勃發展；增加肥料供給，改善土壤，提高各種農作物的產量；開發能源植物，並帶動蜂蜜生產。

短期內，這一政策或許會給大眾帶來不便，但從長遠來看，必將造福整個國家經濟。我懇請您堅定地落實這一原則，在聆聽我們進一步論證之前，先不要輕率地否決我們的請求。讓我們共同為建設一個更加繁榮昌盛的法國而努力！

船運業正迎來一個全新的發展時期。成千上萬的船隻將會遠赴大海捕捕鯨魚，我們能夠在短時間內組建一支龐大的船隊，不僅可以捍衛法國的榮譽，也可以滿足蠟燭商這些愛國者

的熱切期望。

而在巴黎，各行各業都將面臨巨大的變革。如今，遍布於大型商業中心的各種燭臺、提燈和枝形大燭臺上的金箔、青銅和水晶，令整個城市熠熠生輝。然而，如果你們透過這部法律，那時的景象必將大不相同。沙丘之顛辛勤採集樹脂的貧窮工人、在陰暗礦坑中冒險的礦工，都將因此獲得更高的薪酬，逐步富裕起來。

各位先生，只要稍加思考，就可以確定，如果您們接受我們的請求，整個法國，從富有的昂贊公司股東到最卑微的火柴商人，都將生活環境大為改善。我知道您們可能會以各種理由拒絕我們的請求，但這些理由無一不是自由貿易鼓吹者的陳詞濫調。實際上，您們提出的每一個反駁理由，都可以用來反駁您們自己和您們制定一切政策的原則。

您們是否會認為，儘管我們透過保護措施獲得了利益，但法國整體卻不會獲益，因為消費者將承擔所有代價？我們已經有了答案：您們根本沒有資格在這裡談論消費者利益。一直以來，只要發現消費者利益與製造商利益不一致，您們就毫不猶豫地犧牲消費者利益，為的是促進工業、提高就業。這次，基於同樣的理由，您們也應該做出同樣的選擇。

我相信，只要您們仔細思考，就會意識到，我們的請求與您們一貫的政策完全一致。此時此刻，法國正處於一個新的時代，我們必須迎接曙光，共同書寫更加輝煌的篇章。讓我們攜

第十四章　盲目阻擋自然光的代價

手並進,共創美好的未來!

自由貿易一直是一個廣受爭議的話題,人們對其看法褒貶不一。有些人認為它能促進全球經濟發展,帶來福祉;另一些人則擔心它會導致本國產業被摧毀,損害就業和生活水準。筆者在此想理清這一問題的邏輯。

自然條件的恩賜並非人力所能創造,它是普世的贈予。橙子在葡萄牙生產成本低於巴黎,並非因為葡萄牙人更懶惰,而是自然恩賜使然。如果禁止這些「半價」的產品進口,以保護本國工人,那麼同理當也要禁止完全免費的太陽光。這無疑是矛盾和不公平的。

同理,一國進口商品如煤、鐵、小麥等,其價格低於本國生產成本,這意味著本國獲得了天然資源的無償贈與。倘若禁止這樣的進口,無疑是剝奪了國民的福利,損害了消費者利益。

我們應該意識到,自然資源的恩賜是普世的,並非特屬於任何一國。自由貿易讓各國充分利用自身稟賦,促進資源配置的效率。禁止這種自然贈與的交流,無異於認為某些國家擁有的天然資源應該被壟斷,這是不公平的。

當然,自由貿易在短期內確實可能造成某些行業和工人的損失,但從長遠來看,它能提高整體經濟效率,造福全體國民。我們應該有勇氣和智慧,克服暫時的阻力,擁抱自由貿易的正義與福祉。

後記
自由貿易的捍衛者 —— 巴斯夏

弗雷德里克・巴斯夏出生於 1801 年的法國西南港口城市巴榮納。10 歲失去雙親，祖父悉心撫養，使他得以安居樂業。17 歲進入家族貿易公司，親身感受到貿易保護主義的弊端：地方商舖紛紛倒閉，失業人口增加。這些經歷奠定了他日後毫不妥協反對貿易保護主義的思想基礎。

25 歲繼承家族產業後，巴斯夏得以專心於學術事業。他深入研讀了當時著名的古典政治經濟學家著作，如薩伊、亞當・斯密、德特拉西、孔德和迪諾耳等。與鄰居庫德羅伊的頻繁討論，更使他的思想不斷成熟。有趣的是，原本是社會主義者的庫德羅伊，在巴斯夏的影響下逐漸轉變為古典自由主義者。

巴斯夏的第一篇見報文章發表於 1834 年，批評某些商人要求取消農產品關稅，但又要求保留製成品關稅的偽善行為。他堅持要「賦予所有人自由」，反對一切關稅。此後，他先後發表了反對葡萄酒稅和土地稅等文章，進一步闡發其經濟自由理念。

1844 年夏，巴斯夏發表了一篇有力論述〈英國和法國的關稅對兩國人民的未來的影響〉，成為當時法國乃至整個歐洲捍衛自由貿易和經濟自由的最有說服力的文章。由此可見，巴斯夏

後記　自由貿易的捍衛者—巴斯夏

已經成長為一位堅定而不知疲倦的自由放任主義捍衛者。

巴斯夏是法國 19 世紀著名的經濟學家和社會活動家。我們透過他短暫但輝煌的寫作生涯，得以一窺當時法國動盪的政治氛圍和激烈的思想論爭。

自 1844 年起，巴斯夏先後在兩年內出版了《經濟學的詭辯》兩卷本，這些文章集結了他大量撰寫的小冊子和報刊文章。在這些作品中，他堅定而生動地捍衛著經濟自由主義的理念。1846 年，他更在波爾多成立了自由貿易協會，在全國範圍內宣揚自由貿易與經濟自由的理念。

在 1848 年的二月革命中，暴力政治改革一度讓巴斯夏感到失望。他擔心種種烏托邦主義思潮將得逞，於是競選進入了國民公會。在這裡，他堅定地捍衛財產權和公民自由，並對左右兩翼的限制主義政策予以批評。他反對君主專制、貿易保護主義、軍國主義，也反對社會主義和空想共產主義。

不幸的是，當時的議員們沉溺於改造社會的熱情中，少有人聽從巴斯夏的理性洞見。他的健康每況愈下，卻仍勇敢地與各種攻擊自由主義的學說作鬥爭。遺憾的是，他沒能看到拿破崙三世的加冕，於 1850 年聖誕夜在羅馬去世。

但巴斯夏並未白白離世。在最後一個月中，他撰寫了著名的經濟學論文〈看得見的與看不見的〉，生動闡述了經濟自由主義的核心理念。這也成為了他對後世最深刻的贈禮。雖然其時形形色色的烏托邦主義思潮甚囂塵上，但巴斯夏筆鋒所指，始終

指向維護人類自由和尊嚴的最根本目標。他的思想和作品，為後世經濟自由主義者樹立了永恆的楷模。

巴斯夏是19世紀法國著名的經濟學家和社會思想家。他的著作包含了豐富而深邃的經濟理論和社會改革思想，在歐洲和美國都產生了重大影響。儘管他的作品大致完整地儲存下來，但卻僅有約2/5的內容被英譯。本書是對巴斯夏《全集》中譯本的精選和導讀，試圖向讀者呈現他最精華的思想。

本書收錄了包括《和諧經濟論》在內的幾部代表作。在《和諧經濟論》中，巴斯夏提出了一種新的經濟秩序理論，認為在自由市場的基礎上，政府與民間自發形成的各種自願協調機制，可以達成全社會的和諧發展。他批判了重商主義和保護主義，主張貿易自由化、取消關稅等，為自由市場經濟理論奠定了基礎。

另一部鉅著《經濟學的詭辯》，則是巴斯夏的代表作之一。在這部著作中，他以生動的寓言和尖銳的諷刺，批評了當時盛行的各種經濟學錯誤理論，如保護主義、重商主義、濫發貨幣等。其中最著名的要數〈蠟燭製造工匠的請願書〉，這篇幽默諷刺的文章，徹底戳破了保護主義的虛偽。

此外，本書還收錄了巴斯夏最著名的兩篇論文——〈看得見的與看不見的〉和〈法律〉。前者闡述了他的核心經濟思想，即關注看不見的經濟效果而非短期的看得見的表象；後者則表達了他對自由與政府角色的獨特見解。這些文章，無不展現了巴

後記　自由貿易的捍衛者—巴斯夏

　　斯夏優雅的文筆和深邃的思想,既富有哲學性,又切合實際,為後世的經濟學和社會思想奠定了重要基礎。

　　然而,由於本書是經過英文轉譯的,加上譯者的英文理解能力和中文表達有限,難免會有些許失真。但即便如此,讀者仍能感受到巴斯夏獨特的思維方式和表達魅力,領略他對自由經濟秩序和社會和諧的深邃思考。這部《全集》中譯本,無疑是巴斯夏思想的精華所在,值得每一位關注經濟與社會發展的讀者細細品讀。

國家圖書館出版品預行編目資料

巴斯夏的財產、法律與政府（筆記版）：捍衛自由市場！揭露政府干預經濟的長期隱患與隱藏成本 / [法] 弗雷德里克・巴斯夏（Frederic Bastiat）著，伊莉莎 編譯. -- 第一版. -- 臺北市：複刻文化事業有限公司，2024.10
面；　公分
POD 版
譯自：Property, law, and government
ISBN 978-626-7595-09-1(平裝)

1.CST: 經濟學 2.CST: 政治經濟 3.CST: 法律
550　　　　113014825

巴斯夏的財產、法律與政府（筆記版）：捍衛自由市場！揭露政府干預經濟的長期隱患與隱藏成本

作　　　者：[法] 弗雷德里克・巴斯夏（Frederic Bastiat）
編　　譯：伊莉莎
發　行　人：黃振庭
出　版　者：複刻文化事業有限公司
發　行　者：複刻文化事業有限公司
E - m a i l：sonbookservice@gmail.com
粉　絲　頁：https://www.facebook.com/sonbookss/
網　　　址：https://sonbook.net/
地　　　址：台北市中正區重慶南路一段 61 號 8 樓
8F., No.61, Sec. 1, Chongqing S. Rd., Zhongzheng Dist., Taipei City 100, Taiwan
電　　　話：(02) 2370-3310　　傳　　　真：(02) 2388-1990
印　　　刷：京峯數位服務有限公司
律師顧問：廣華律師事務所 張珮琦律師
定　　　價：299 元
發行日期：2024 年 10 月第一版

◎本書以 POD 印製
Design Assets from Freepik.com